北京文博

文 丛

二〇二二年第四辑

北京市文物局 编

北京燕山出版社
BEIJING YANSHAN PRESS

图书在版编目（CIP）数据

北京文博文丛. 2022. 第4辑 / 北京市文物局编. —

北京：北京燕山出版社, 2022.12

ISBN 978-7-5402-6796-4

Ⅰ.①北… Ⅱ.①北… Ⅲ.①文物工作－北京－文集

②博物馆－工作－北京－文集 Ⅳ.①G269.271-53

中国国家版本馆CIP数据核字(2023)第004196号

北京文博文丛·2022·第4辑

出版发行：北京燕山出版社有限公司

社　　址：北京市丰台区东铁匠营苇子坑138号C座　　100079

责任编辑：郭　悦　梁　萌

版式设计：肖　晓

印　　刷：北京兰星球彩色印刷有限公司

开　　本：787mm×1092mm　1/16

印　　张：8

字　　数：181千字

版　　次：2022年12月第1版

印　　次：2022年12月第1次印刷

ISBN 978-7-5402-6796-4

定　　价：48.00元

北京文博

2022年第4辑（总110期）

"市文物局青年人才专项培养"专辑

主办单位：北京市文物局

编辑出版：《北京文博》编辑部
　　　　　北京燕山出版社

网址：http://wwj.beijing.gov.cn

邮箱：bjwb1995@126.com

目录 | Contents

声　明

Beijing Cultural Relics and Museums

No. 4, 2022

Organizer: Beijing Municipal Administration

Bureau of Cultural Heritage

Edited and Published by the Editorial Department

of Beijing Wen Bo, Beijing Yanshan Press

URL:http://wwj.beijing.gov.cn

E-mail: bjwb1995@126.com

目录 | Contents ||||||||||||||||||||||||||||||||||||||||||||||||||||||||||||||||||||||||||||||||||||||||||||

《2022年北京市文物局青年人才专项培养优秀论文专刊》即将付梓之际，谨对这一阶段性成果表示祝贺！对2022年青年人才专项培养圆满结业表示祝贺！

人才资源是第一资源，人才工作是推动文博事业高质量发展的战略性基础工程。为了深入贯彻落实中央及北京市委人才工作会议精神，实施"十四五"时期首都文博领域"四三二一"人才战略工程，解决优秀专业技术人才储备不足的问题，自2022年起，我局开展青年人才专项培养工作。青年人才专项培养以青年专业技术人才为主要培养对象，采取多渠道结合的培养方式，着力提升青年人才的综合素养和专业能力。一年来，相关处室和单位大力协作，精心组织，取得了显著的效果，初步探索形成了一套行之有效的培养模式，今后要继续深化完善，把这个项目打造为人才培养工作品牌。

专刊收录的14篇论文，选题广泛，涵盖了考古、博物馆和文物保护等专业方向，能够紧扣工作实际思考研究，体现了青年人才专项培养工作理论性与实践性相结合的特色。把优秀论文汇集成册是很好的做法，一方面发挥展示效果，反映在专家导师的指导下学员的学习成果，另一方面起到交流作用，有利于大家以此为榜样，借鉴学习。

党的二十大报告指出，"青年强，则国家强。当代中国青年生逢其时，施展才干的舞台无比广阔，实现梦想的前景无比光明。"当前，首都文博事业迎来了难得的发展机遇，希望青年同志们不负初心使命，潜心学习提升，矢志成功成才，让青春在新时代文博事业高质量发展的实践中绽放光芒。

北京市文物局党组书记、局长　陈名杰

青年人才培养工作实践与探索

——以北京市文物局系统青年人才专项培养工作为例

北京市文物局组织宣传处（人事处、对外联络处）
北京市文博发展中心

为深入贯彻中央及北京市委人才工作会议精神，落实"新时代文物人才建设工程"及"四三二一"人才战略措施，2022年，我局面向系统博物馆、文物保护、考古等领域青年专业技术人员开展专项培养工作，着力为首都文博事业培养和储备一批政治过硬、能力突出、素质优良的青年骨干人才和中坚力量。

本文将结合2022年北京市文物局系统青年人才专项培养工作实践，探索青年人才培养新模式、新路径，并对具体培养方式和措施进行深入剖析，尝试构建一套完整的文博系统青年人才培养工作体系。

一、青年人才培养的重要意义

（一）提升综合国力的持续动力

当今世界综合国力竞争，说到底是人才竞争，谁能培养和吸引更多优秀人才，谁就能在竞争中占据优势。人才培养是国家和民族长远发展的大计，青年人才更是科技创新、经济发展、社会进步的重要力量，因此培养和造就一大批优秀青年人才，建立一支规模宏大的青年人才队伍，是实施人才强国战略、提升我国综合国力和国际竞争力的必然选择，是关系全局、关乎长远的一件大事。

（二）文博事业不断发展的内在动力

首都文博工作正处于历史最好发展机遇期，而文博工作最终的落脚点在"人"，因此需要立足事业长远发展，结合当前行业实际，加大青年人才的培养力度，储备一批在首都文博事业高质量发展过程中能够发挥示范带头作用的青年业务骨干，确保文博事业的可持续发展。北京市文物局党组高度重视人才工作，于2022年3月24日召开全局系统首次人才工作会议，着力推进人才工作高质量发展，为青年人才培养工作提供方向性指引（图一、图二）。

（三）为人才队伍整体建设提供不竭动力

青年人才是文博人才队伍的重要群体，青年人才培养能够充分发挥队伍建设

图一 陈名杰同志在人才工作会议上作重要讲话

图二 王翠杰同志主持人才工作会议

过程中的累积效应，为整体人才培养注入鲜活持久的力量。青年人才专项培养工作为构建文博青年人才培养体系、探索青年人才培养模式等方面提供了有益尝试。特别是局领导带队专题召开调研座谈会，倾听基层专业技术人员心声，深入了解人才实际需求，为人才队伍建设厘清了工作思路，同时也为青年人才培养明确了工作目标和实现路径（图三）。

二、青年人才分布现状及开展情况

（一）课程开展情况

2022年是青年人才专项培养工作的第一个培养周期，自5月开始至年底结束，分为博物馆、文物保护、考古三个班次，共设置理论课51节、实践课4节。课程形式上，推出直播课13节、录播课38节；内容分类上，推出综合课10节、科技文博类课程8节、博物馆类课程10节、文物保护类课程11节、考古类课程12节。

（二）学员分布现状

截至2022年10月底，局属单位904名在编人员中，大学本科以上学历占比达到95%，其中博士41名（含博士后6名）、硕士222名；专业技术人员474名，其中高级岗125名、中级岗152名、初级岗197名。

2022年青年人才专项培养参与学员

总数为86人，其中文博副高职称19人、中级职称29人、初级职称27人，平均年龄33.8岁。学员从事岗位分布情况为：博物馆班学员涉及展览策划、藏品管理、文创、讲解、照明设计等；文物保护班涉及预防性保护、保护科技与传统技艺研究、修复技术等；考古班学员涉及田野考古、冶金考古、科技考古等方向。

（三）前期调研情况

为使培养内容更具有针对性，培养前期开展了需求调研，导师们结合课程设计、学员们根据自身工作实际提出课程内容及培养形式等方面意见建议。通过汇总、分析，进一步了解学员基本现状和专业提升需求，归纳出该项目人员构成年轻化、专业领域宽泛化、培训需求多元化的特点，为提高专项培养的针对性和时效性提供了参考和依据。

三、青年人才专项培养模式探索及采取措施

（一）理论基础

按照此次培养人才分布现状、需求和特点，重点以能力建设为核心，以人才成长八大规律、成人学习理论等经典理论为指导，从课程设置、授课方式、考核激励等多方面探索人才培养的长效机制，以期

图三 专业技术人员座谈会

建立适应新时代文博发展的人才培养模式和体系。

中国人事科学研究院原院长王通讯提出，人才成长应遵循八大规律，即：人才培养过程中的师承效应规律、人才成长过程中的扬长避短规律、创造成才过程中的最佳年龄规律、争取社会承认的马太效应规律、人才管理过程中的期望效应规律、人才涌现过程中的共生效应规律、队伍建设过程中的累积效应规律及环境优化过程中的综合效应规律。这些规律，特别是其中的最佳年龄、师承效应、共生效应、累积效应等，为此次青年人才专项培养的规划和实施提供了理论支撑，我们依此设计专业分班制、导师带领制、班主任负责制等管理机制，进而探索青年人才培养的新路径新方式。

美国管理学家汤姆·W.戈特提出成人学习理论，该理论提出：成人学习具有实践性、目的性和交流性，通常是为了解决问题而参与学习，适用于干中学、学中干。同时成人已有的经验为集体交流提供了更为丰富的资源，使成人学习更加有效。依据以上理论，青年人才专项培养课程安排注重线上线下交流研讨、实地参观等实践类课程的设置。课程内容紧贴局属单位工作实际，推出一批具有较强实践指导的系列课程。同时注重培养全过程跟踪，及时了解掌握学员需求，以解决实际问题为导向安排课后答疑、线上辅导及交流讨论。

（二）主要措施

1.明确目标

青年人才专项培养工作旨在培养一批业务功底扎实的新时代青年文博人才。对青年学员从思想政治、专业素养、能力建设、心理健康等方面进行全方位培养。

一是思想政治引领和职业素养提升双管齐下，达到思想政治引导和业务能力提升同步推进。

二是培养环节和评选考核环节双管齐下。将课堂课程、实践体验、成果评选和年终考核环环相扣，形成人才培养闭环。

三是学习充电和岗位工作双管齐下。培养目的重点在于提升岗位能力，而非单纯的专业学习，因此课程设置多为线上授课，以不影响岗位工作为前提。同时坚持实践原则，要学以致用，工作和学习相辅相成。

2.形式多样

青年人才处在多元的时代，思想开放、兴趣广泛、需求多样，因此青年人才培养也秉承多样化的思路。

一是学习形式多样化。采取线上教学、现场教学和分班实践等多元化教学模式。坚持集中授课与自主学习相结合、理论学习与工作实践相结合、课堂授课与实地教学相结合等多模式推进，学员可根据实际情况合理动态安排。在培养过程中特别注重实践课安排，通过线上线下交流研讨（图四、图五）、文物库房实地参观、考古遗址现场考察实践（图六）等多种形式打造"行走课堂"。

二是课程设置多样化。课程内容紧密围绕市文物局中心工作、重点任务，并注重和文化遗产、博物馆日等重要时间节点相呼应推出主题课程；课程范围涵盖艺术美术、心理疏导、人际沟通、媒体传播等多领域知识，并策划系列跨领域交叉学科融合课程；课程设置必修与选修相结合，同时鼓励学员参与课程设计，针对学员不同需求更具针对性地提升专业素养。

三是师资力量多元化。此次培养的师资队伍以文博智库专家为基础，同时遴选业界知名度和美誉度高的专家，包括高校知名教授、熟知文博政策的行业领导、文博一线实践经验丰富的专家等。强大的师资支撑为培养工作奠定了坚实基础。

四是多方协作。青年人才专项培养工作得到北京市文物局组宣处、科研处和团委的指导，得到北京文物保护基金会的经费资助及多所高校的师资支持，形成多方参与、合作推进的良好格局。

图四　线上交流研讨

图五　线下交流研讨

3. 交流互动

专项培养结合文博工作特点和学员工作实际，充分运用互动类培养措施，即在与他人的交流中学习，包括导师制、研讨交流、评价反馈等。

一是发挥导师在人才培养方面的师承

效应。开展学术传承和精神传承，导师们的指导和引领将会使人才少走弯路，达到事半功倍的效果；班主任的设置则能够形成专业领军人才和优秀人才在培养工作中的"头雁效应"，充分发挥榜样的力量。

二是实现人才培养和培养人才的双向互动。让领军、优秀人才担任班主任，既提升其管理能力，又通过参与授课等提高其学术水平。班主任在讲座主持、实践课程及交流研讨环节能够充分发挥管理上的自主性；与行业专家在同一讲台授课，能够提高学术信心和业界话语权；全程参与各项考核和评选，能够增强在专项培养工作中的参与感和成就感。

三是充分发挥人才涌现过程中的共生效应。采取集中学习与分班学习相结合，开展线上交流研讨、线下各个班级交叉实践，促进知识的融会贯通。使学员在学习中受到群体成员的影响和启发，能力水平得以有效提高。

四是注重培养全过程及时跟踪反馈。以需求为出发点，调动青年学员的积极性，在课程设置、授课老师选择，以及课堂互动、课后评价反馈环节充分征求大家的意见建议，随时对课程进行动态调整，确保学习成效。

4. 机制保障

考核激励机制是不断提高人才的学习主动性和有效性等综合能力的有效方法。此次培养设置考核机制，考核满分为100分，由三部分组成：平时考核（50分）、中期考核（10分）、结业考核（40分）。

图六　通州汉代墓葬群考古发掘工地现场教学

平时考核：分为理论课学习和实践课参与两部分。理论课考核设置明确的量化指标，必修课需要完成40个学时（选修课不限）；实践课考核重在"化抽象为形象"，深入实际，在实际操作中发现问题、解决问题，提升学员综合应用能力。

中期考核：安排在培养期中段，是形成结业成果前的"重要把关"。博物馆班开展线下交流研讨，通过导师逐一分析指导和学员间互动交流，进一步明确选题思路和研究方向；文物保护班要求学员结合自身工作或科研课题等内容以"海报"形式开展，激发学员创新精神，提升学员构建学术成果框架、总结凝练的能力；考古班考核形式为开放答题，通过考题回顾思考已学内容，系统检验学习情况，及时发现问题并修正解决。

结业考核：鼓励在现场实践、交流讨论及课题策划方面，注重团队协作，形成集体合作成果。要求学员结合所学与自身工作实际形成学习成果，呈现形式为：（1）自选主题，如展览大纲、文物保护方案、考古发掘方案或计划；（2）课题策划方案，提交课题可行性报告；（3）学术论文，不少于5000字，体现学术性和专业性。

激励机制方面，一是年末将最终推选2—3名优秀学员，作为我局"京博之星"后备人选；二是将最终优秀结业成果开辟专刊刊载（共刊登14篇优秀文章）；三是归纳整理培养过程中的相关资料，装订成册，一方面建档备案，另一方面便于学员间交流互鉴。

四、青年人才专项培养的主要问题和反思

此次专项培养工作取得了一定的成果和实效，但我们也应认识到从前期调研到课程设置、授课形式等方面也还存在较大的提升空间，具体分析如下：

（一）调研交流不够广泛，情况摸底不够全面

安排调查研究的时间不够充足，对人才结构的分析不够全面，未能全面掌握文博青年人才分布现状。虽然针对培训课程内容、授课形式等方面进行了调研，但了解需求和征求意见范围有限。虽然注意在培养过程中与学员沟通交流，但力度不够、效果不足。特别是对培养对象的实时跟踪不及时，对反馈意见的分析不够深入。

（二）实践实操不够充分，理论转化不够明显

实践出真知，理论知识能运用于实际工作并能指导工作才能发挥培养的最大成效。2022年，培养工作受疫情影响，存在理论实践配置不均衡的现象。课程大多为理论内容，即使是数量不多的实践课程，形式也较为单一，缺乏对学员主体能动性和创新能力的培养。阶段性成果也以论文为主，缺乏实践类应用成果。

（三）国际化视野不够广阔，国际化思维尚未形成

当今世界正经历百年未有之大变局，文博领域应该培养具有国际化视野的青年人才，讲好中国故事，推动中华传统文化走向世界。就今年开展的培养工作看，具有国际化视野的课程安排不足，授课中体现国际文博领域最前沿观点和发展趋势的专家不多，国际化思维碰撞不足。

五、青年人才培养工作改进方向

（一）以政治引领为导向，促进业务能力提升

紧紧围绕"培养什么人、怎样培养人、为谁培养人"这一关键性问题，明确青年人才培养的目标和定位，将立德树人贯穿始终，激励引领文博人才爱党爱国、淡泊名利、埋头苦干、甘于奉献。在人才培养过程中，着重设置宏观政策解读、行业趋势解析、职业素养提升、文博人使命

担当等课程，鼓励青年人才为首都文博事业发展贡献力量。

（二）以深入调研为基础，促进工作提质增效

深入地调查研究是解决问题、提质增效的重要方法。一方面要带着问题"走下去"，积极与一线文博青年工作者面对面、心贴心，询问需求，听取建议，了解并掌握人才队伍现状；另一方面要"往上走"，向专业人士请教学习，聆听政策指导，探索具体有效的落地措施，为下一步培养工作夯实基础。

（三）以实践实训为载体，促进理论成果转化

科学分配理论教学与实践活动的配置比例。在讲授理论知识的同时，带入最新最前沿的实践案例，让培养对象更有兴趣、理论课程更有活力。同时结合实际工作需求，增加实践课程安排。特别是在评价培养成效时，注意引导培养对象将所学成果转化为实践应用，真正作用于实际工作。

（四）以提供发展平台为手段，促进青年人成才

结合青年人才培养多样性、时代性、实践性和开放性的特点，充分利用好这个"第二课堂"，拓展青年人才成长通道。采用"引进来"与"走出去"相结合的方式，邀请相关行业专家开展集中授课、高端论坛等特色培训，加强与行业单位开展青年人才联合培养工作。同时，为青年人才搭建"项目+人才"等平台，让青年人才当先锋、打头阵，在关键岗位上和重大项目中增见识、长才干。

（五）以国际化视野为方向，促进高质量发展

紧密围绕首都"四个中心"的城市战略定位，树立国际化人才培养理念，构建国际化人才培养机制，搭建国际人才交流合作平台，开拓海外学习实践渠道。同时有计划地引进国际文博界知名专家学者来京教学，开展交流活动。支持优秀青年文博人才到海外访问研修，鼓励青年人才在有影响的国际学术期刊发表论文、出版学术著作，提升国际学术影响力和话语权。

（六）以完善的机制为保障，促进青年人才奋勇直前

建立完善的青年人才管理和服务机制，研究制定人才管理服务办法，联合用人单位研究把握人才的成长方向，加强对人才的管理和培养；建立完善的多元评价激励机制，进一步完善评价标准，强调评价过程和评价结果；同时建立定期评价反馈机制，对评价结果实施全面分析，探索与岗位聘用、职称评定等工作相结合；完善联系专家机制，做好与联系对象的对接工作；完善人才推介机制，丰富宣传载体和手段，营造重视、关心和支持人才工作的良好氛围。

人才培养工作是一个长期性、持续性，并且要不断地培育、优化的过程，培养出更多的青年人才，文博事业方能行稳致远。全面加强文博人才队伍整体建设，打造一支高素质、专业化的青年人才队伍任重道远。我们将坚持党管人才原则，坚持系统思维，深入研究把握人才发展规律和培养工作规律，以全方位提升青年人才综合素质为核心，以注重培养成果实践应用转化为重点，以完善培养机制为推手，以营造良好成才氛围为基础，进一步做好文博系统青年人才培养工作、激励青年人才为新时代首都文博工作高质量发展做出更大贡献。

执笔：王莹莹

"文博讲堂"品牌建设初探

北京市文物局组织宣传处（人事处、对外联络处）
北京市文博发展中心

为深入贯彻习近平总书记关于文物工作重要论述和对北京重要讲话精神，落实《北京市"十四五"时期文物博物馆事业发展规划》（以下简称《规划》）任务要求，推动北京市文博系统人才培养工作，2022年北京市文物局推出"文博讲堂"系列课程。"文博讲堂"围绕文物保护、博物馆、考古等重点专业领域，通过线上直播、录制编播等方式，分享前沿学术观点，拓展文博研究视野，培养文博专业人才，增进行业社会关注度。

一、"文博讲堂"项目背景及缘起

2021年11月19日，北京市文物局印发《北京市"十四五"时期文物博物馆事业发展规划》。《规划》以"一轴一城、两园三带、一区一中心"以及革命文物和考古工作为重点，布置了8大板块30个方面的重点任务以及46项重点工程（项目）。文博人才队伍建设是各项重要任务完成的基础和关键。作为推动文物治理体系和治理能力提升、建强人才队伍的重要举措，举办"文博讲堂"被列为北京市"十四五"文博工作的一项重要任务，《规划》还提出"以能力建设为核心，强化专业培训……面向全市文博人才开展考古、博物馆等重点专业培训，提高专业化水平"的工作要求。

为落实《规划》任务，前期主要就"文博讲堂"的功能定位、发展方向、主要目的、课程内容、授课师资、合作单位等问题进行了充分细致的研究。确定了以打造适应新时代首都文博工作高质量发展的专业化人才队伍为根本目标。明确了"文博讲堂"要深入落实"新时代文物人才建设工程"的工作要求，以北京文博行业"四三二一"人才发展战略为方向，依托首都高校、科研院所、党校行政机构、行业协会等社会各方力量，在加强文博人才分层次、分类别、分专业培养上持续发力。

作为全面加强文博人才队伍建设工作的重要组成部分，"文博讲堂"创新人才培养工作机制，通过知识体系塑造和智力资源共享，为优化人才发展内外环境创造条件。作为汇集北京文博智力资源和成果的平台，"文博讲堂"通过打造文博品牌项目，在持续积累中发挥集群效用，通过知识及资源集成，催生人才发展聚变和衍生效应，为首都文博人才培养工作提质增效服务。

二、2022年"文博讲堂"实践探索情况

"文博讲堂"作为北京文博人才培养工作的重要品牌项目，2022年确定了制作100节课程、共计200学时的年度工作计划，紧密围绕北京市文物局中心工作和重点任务，聘请系统内有丰富文博管理经验的领导、业内知名专家、行业领军人才等，针对行业规律性认识、政策理论、学

科前沿、最新成果及专业理论、实践案例进行授课，向文博专业人才及社会公众全方位介绍行业发展动态，传播行业知识，达到提升文博行业理论和实践水平、培育行业人才的目的。

（一）注重文博行业综合能力提升

"文博讲堂"着眼于文博行业发展综合能力提升，增强文博行业职业道德培养，助力建设新时代德才兼备、专业精深的文博专业人才队伍。注重与智库、专家库专家的沟通联络，借助首都文博行业滋养丰厚的知识沃土，充分发挥行业专业资源整合作用，促进行业整体专业能力和综合能力提升。通过向社会面推广传播文博专业知识，满足人民群众日益增长的公共文化产品和服务需求，提升公众文物保护理念认知，营造"保护文物，人人有责"的良好社会氛围。

（二）着力与人才培养工作结合

"文博讲堂"着重与北京市文博人才培养工作相结合。首先，与北京市文物局青年人才专项培养相结合，以局系统青年专业技术人才为先导受众进行授课实践。实践过程注重调动青年学员的积极性，重视全程参与，在课程设置、授课老师选择、课堂环节设置、课后评价反馈等方面充分征求学员和老师的意见建议，随时进行动态调整，将文博青年人才的需求融入"文博讲堂"平台搭建工作，以实践参与促进青年人才综合素质提升。下一步拟将"文博讲堂"推广至行业专业技术人才，经过后期加工编辑面向社会公众适时推广。

其次，与文博专业高层次人才培育相结合。具有较高学术造诣和专业水平，具备开创性、重大价值研究能力的高层次专业技术人才，是提升文博专业研究能力和水平的关键力量。推动领军人才及创新研究成果培育，能够为文博事业发展注入强大动力。通过安排领军人才和优秀人才授课，在行业内分享推介创新研究成果，能够树立行业典范形象，提高学术自信和行

业话语权，扩大行业交流和影响力。

再次，与鉴定人才和古建工程质量监督专项人才培养相结合。文博行业包含文物保护、考古、博物馆等不同细分专业，专业之间相互关联融通。为此，"文博讲堂"与鉴定人才和古建工程质量监督人才专项培养相结合，提供各类专业知识，丰富鉴定人员和古建工程质量监督人员对文博工作的综合认识，为实践工作筑基。

最后，与高校文博专业学生实习培养相结合。配合高校实习平台项目，初步探索校地联合培养模式。考虑疫情影响实习生无法到岗的情况，邀请高校实习学生参与"文博讲堂"线上学习，为学校教育与实践工作建立连接，帮助高校学生了解文博行业特点和工作情况，切实解决文博专业学生学以致用方面的困惑。

（三）汇集文博尖端师资资源

优质的师资资源是输出高品质课程的保证。2022年，在指方向、扩视野、长知识、学技能原则的指导下，"文博讲堂"以北京文博发展智库专家为基础，聘请100位行业专家结合研究方向和工作专长进行授课。其中包含22位熟知文博政策和规律的行业领导、16位科研院所权威专家、31位一线实践经验丰富的文博专家、24位前沿理论研究的高校教授及7位文博传统工艺匠师，研究领域广博、知识结构丰富、涉猎内容全面，力求多方位、多层次、多角度呈现文博专业知识内容和行业发展动态，扩大行业影响力。

一是宏观政策导向。行业专家从宏观政策角度对文物、博物馆事业发展及现状进行分析解读，引导文博专业人才准确理解政策内涵要义，清晰认识文博事业发展方向和整体趋势，深入了解首都文博工作整体框架和布局，厘清文博事业发展面临的难点及核心关键问题，从思维和认识层面打开视野和思路，构建文博事业整体发展观、全局观，为开展具体业务工作、科研工作提供更准确的方向指引（图一）。

二是前沿理论引领。邀请行业权威

图一 单霁翔会长以《中华文脉与文化自信》为主题进行授课

图二 王巍理事长以《聚焦三星堆，探索古文明》为主题进行授课

人才快速成长。资深专家细致认真的指导、持之以恒的精神、饱满的工作热情和敬业的工作态度带给文博专业人才榜样的力量，对促进文博专业人才成长和发展发挥重要作用（图三）。

（四）以需求为导向设置内容

"文博讲堂"紧密结合行业和受众需求，课程设置坚持开放互动、多元包容，促进思想交流、碰撞、融合。

一是坚持围绕中心、服务大局。课程设置紧密贴合北京文博事业中心工作、重点工作，着力在中轴线申遗保护、博物馆之城建设、"两园三带"重点建设项目、革命文物保护利用、考古发掘和大遗址保护、国际文物艺术品交易中心建设等方面加强内容设置。注重与重要工作和活动相结合，相应时间节点推出课程，如在国际博物馆日期间安排博物馆之城相关课程，在遗产日期间安排文化遗产保护课程，配合长城文化节对《长城国家文化公园（北京段）建设保护规划》进行解读，配合大运河文化节推出《大运河与北京》，配合西山永定河文化节推出《北京西山永定河文化带的内涵价值与保护发展》等。

专家和高校教授，分享文博领域具有时代性、发展性和研究性的重大理论学术成果，引导文博专业人才跳出具体业务研究的一方天地，打破思维局限，关注"中华文明探源工程"、百年文博事业成就、学科发展前瞻性理论等与学科和社会发展密切相关的时代性、使命性、国际性重大命题，在感知文化发展脉络和历程的时代洪流中，加深对理论意涵的理解认识，促进对业务研究和事业发展的全局性、长远性、系统性思考（图二）。

三是实践经验指导。文博工作专业领域细分类型多、实践性强，　线文博资深专家和职业技能大师对专业工作有长期的摸索和深入的实践，邀请他们向新一代文博专业人才传授经年积累的工作经验和从业务实践中总结的规律性认识，能够帮助文博专业

二是力求全面覆盖，融合发展。课程

图三 刘玉珠理事长以《文博人的志向坚守》为主题进行授课

设置兼顾"博"与"专"，力求提供多学科知识内容，使文博专业人才了解多种知识体系，为文博工作高质量发展做好必要的知识储备和支撑。政策方面，包括习近平总书记关于文物工作的重要论述解读、文博政策分析；业务专业理论和实践方面，覆盖文物保护、博物馆、考古全专业门类，包括考古理论实践案例，博物馆展览、藏品、社教、信息化建设理论实践，文物保护技术理论实践，学术论文、课题研究等相关内容；综合内容方面，包括职业规范、心理素质、礼仪讲解、国际传播推广、艺术美学等内容；文博技能方面，包含古建筑瓦、木、油、画等相关传统技艺知识内容。

三是充分征求意见，吸纳完善。课程聚焦实际工作中遇到的知识短板和理论需求，有针对性地帮助文博人才提升专业能力。根据文博青年人才提出的44条意见建议，充实了智慧博物馆建设、植物考古、文物预防性保护等内容，补充了博物馆陈列展览系列、疫情下的博物馆发展、古建筑保护理念等课程，将文博人才兴趣点和工作需求紧密结合（图四、图五）。

（五）凝心聚力寻求多方合作

在实现积累一批人才培养课程资源、形成文博行业具有影响力品牌项目工作目标的过程中，"文博讲堂"得到了行业内多方的支持与协助。在局组宣处指导下、

图五　王时伟理事长以《中国文物科技保护概述》为主题进行授课

各业务处室支持下，集成文博政策类课程；在国家级和市级行业协会、学会指导下，获得行业资源支持；通过与高校和科研院所合作，得到高校教授和资深专家的师资支持；通过政府主导、社会参与，在部门主管、各方协同下，"文博讲堂"整合共享北京文博全行业机构和智力资源，快速搭建平台，迅速推出课程，为文博行业人才发展输送专业知识养料。

三、优化提升品牌效能的思考

"文博讲堂"是北京市文物局广泛开展文博课程制作的首次实践，经过7个月的探索，实现了整合文博行业智力资源、集成文博行业专业知识、为文博专业人才培养发力、为推出精品系列课程做储备、加强行业单位联系的工作目标。初步探索过程，为优化课程质量积累了宝贵的经验，促使我们对深挖品牌效能进行深入思考。

（一）突出特色，构建课程体系

北京拥有丰厚的文化积淀和类型多样的文化遗产资源，合理利用好文物资源是"文博讲堂"办出特色、形成品牌的强大支撑。针对文博课程大量涌现、同质化严重的现象，"文博讲堂"将着力突出北京文物资源特点，深挖文物内涵价值，加强北京文物资源内涵系统化、体系化阐释，着眼长远，留存完整资源，进一步完善文博专业理

图四　安来顺主席以《疫情常态化下博物馆的几点观察与思考》为主题进行授课

论和应用研究体系化构建。

（二）完善构成，注重跨学科融合

为拓展研究深度，适应文博行业纵深发展需求，"文博讲堂"需要扩充知识体系，融入多学科参与文物保护的理念和内容，促进文博领域与科技、美学、艺术等相关学科的深度融合，发挥多学科联合研究作用，借鉴交叉学科成果，促进文博行业纵深发展，为文博事业高质量发展提供动能。

（三）丰富形式，保证学习效果

受疫情影响，2022年"文博讲堂"课程主要以线上直播和录制编播为主。为使学员能够就难点、疑点问题及时与老师交流，线上直播中特别设置互动环节，但受制于线上课程时空条件，显现出交流不充分、学习效果不到位等问题。下一年度将依据实际条件，加大线下课程的组织和推送，满足不同情况下更广泛人群的听课需求，通过灵活多样的学习方式，促进学习效果的提升。

（四）整合资源，拓展品牌效能

"文博讲堂"作为北京文博界重要课程平台，应立足于行业实际，开展课程库建设，充分发挥平台资源整合作用。通过细化专业分类，紧密结合业务实践及工作需求，分系列、分专项推出课程，针对性补充文博人才知识弱项，帮助文博人才拓展视野、深耕专业研究。同时，充分挖掘行业潜力，面向北京市文博机构开展文博课程征集评选活动，发现优质文博课程及明星讲师，在全市范围进行推广，促进文博专业知识的传播和开放共享。

（五）做好规划，保障课程品质

为保证"文博讲堂"持续提供优质课程，提前做足需求调研，整体谋划课程体系设置，充分研究课程内容安排，注重讲堂呈现形式的多元化，针对文博人才、文博爱好者、广大公众等不同人群、不同需求提供特制课程和精准服务。同时，充分发挥系统内各部门、组织的协作联动作用，积极调动资源，加强交流合作，协同创新，形成共同挖掘文博资源的强大合力，确保课程品质，持续提升行业影响力。

"文博讲堂"是一次文博课程品牌建设的有益尝试。经过一年的课程制作推广实践，对文博课程制作路径完成了初步探索，对文博课程品牌建设有了进一步认识，积累了一定的经验。下一步将不断总结经验和深入探索，为打造文博品牌课程、培养文博人才、推进文博事业高质量发展蓄能发力。

执笔：李秀娟

博物馆考古类展览探析

——以首都博物馆近年临时展览为例

倪 钏

近年来，随着"考古热"的兴起和我国考古工作的迅速发展，考古日益走向公众，考古发掘的成果受到了公众广泛关注和期待，博物馆展览作为传播和展示的平台，对于公众分享考古成果、普及考古知识、宣传考古工作、阐释中华民族的历史文化起到积极作用。2015年，国家文物局公布的《关于提升博物馆陈列展览质量的指导意见》中指出"博物馆应积极展示考古新成果"，[①]各地考古院所、博物馆和大专院校关于考古成果展览主要的研究有出土文物展示叙事[②]、考古成果的展示与传播[③]、考古展览策划[④]、考古成果的展示[⑤]等方面。本文将归纳考古成果展的特征，对首都博物馆2015年以来举办的一系列考古成果展览进行分类总结，并对考古类成果展览的作用和意义等方面进行初步探讨。

一、考古类展览特征

博物馆中展示的考古类展览区别于其他类别的展览，主要是考古类展览展示的主体是出土文物，参观者在博物馆展览营造和构建的展厅环境下参观，文物虽然离开出土的原境，但是博物馆展览通过不同角度的策展理念、多种展示手法和陈列手段，充分发掘文物本身和其承载的文化信息，引导参观者理解和加深对文物的认识。

（一）展示主体：出土文物

考古学在《中国考古学大辞典》中的定义是："主要根据古代人类活动所遗留下来的实物遗存来研究当时人们的生活及其社会的状况，并进而解析人类文化与社会发展的历史过程，探索其发展变化的背景、原因和规律的一门科学。"[⑥]考古发现的成果是人类活动的遗迹和遗物。考古类展览与博物馆历史类展览有着明显的不同，博物馆历史类展览是展示藏品，可以展示传世文物及调拨、移交、购买、捐献等各种渠道征集的文物，而考古类展览展示主体则是考古发掘的遗迹和遗物。考古类展览是博物馆展览中一个重要的类别，展示的一件件、一组组经过科学考古发掘出土的遗迹、遗物，通过研究、保护、利用这些经过悠久而漫长的历史所积淀的文物，向参观者呈现出人类社会的发展与文明的进程。

（二）观看方式：非原境

博物馆中的考古类展览展示的出土文物是"从原来的考古环境中移出"[⑦]，离开了文物"原境"（context）[⑧]。因此，考古类展览在展览策划、内容设计、形式设计、社会教育等方面需要科学、精准地对出土文物和相关研究资料进行深入的挖掘、理解与阐释，向参观者严谨地传递考古、文物和历史知识。从内容方面，博物馆考古类展览可以调动各方面与展览有关的文物，或是结合多学科的研究成果及理念，丰富展览内容，通过策划不同角度的展览按照组织逻辑，通过重新组合文物，串联起相关的信息，"根据展览的主题内容对出土文物进行重新组合，组合文物时要以代表性展品为点，精选考古出土文物，作为独立欣赏的对象，同时还要以器物群组为线。强化'器物群组'概念，分别选取与物质文化生活和精神文化生活关联紧密的器物进行重点展示。"⑨此外，"现阶段的考古研究成果中不易汲取到足够的、包含叙事诸要素的关键信息时，尝试借助其他学科的视角寻找叙事诸要素，串联零散信息的逻辑效用。"⑩展览可以更为清楚地阐述展览内容，诠释文化面貌，使参观者接收到更多更全面的内容信息。从展览设计方面，博物馆展览需要调动多种手段，给观众营造视觉、听觉、触觉等全方位的体验，使展览内容更具观看性。通过视频呈现、多媒体互动、场景模拟等手段使观众自主参与，让观众体验历史，置身于古代社会，产生情感共鸣。⑪把历史长河中诸多文化变迁的真实图景，从漶漫不明重新修复到清晰生动。⑫相比考古发掘现场的文物展示，博物馆在展柜、展具、灯光等展陈环境方面和讲座、导览等配套的教育宣传活动上更具优势，可以有效提升展览的观赏性和可读性。⑬考古类展览用博物馆的语言构建出易于参观者理解的语境和参观氛围。

（三）展览目的：专业学科走向公众

博物馆展示的考古发掘的成果，以考古学术研究成果为依据，保持学术性、准确性，挖掘展览的主题与叙事要素的逻辑关系，"以精品文物与成组器物的有机融合、线图描绘与图版说明的辅助铺陈来完成对整个社会生产技术水平、审美情趣、宗教信仰，以及社会组织、价值观、文化传统等形成与发展的考古学解读。"⑭考古类展览运用多种形式、多种视角，深入浅出地将考古学的专业研究，运用大众化语言进行解读，引导公众特别是青少年，科学认识考古和中华文明光辉灿烂的成就。

考古类展览以考古研究成果为基础，利用博物馆研究、展览与教育等方面的功能，深入理解展览的主题内容与叙事要素的内在联系，借助各种各样的辅助手段，通过多角度、全方位地解读和展示文物，更好地讲述文物的故事，揭示文物的价值，引发参观者的兴趣与共情，并且向公众传播考古知识，特别是消除公众对考古是盗墓挖宝的误解，使参观者了解真实、科学的考古和考古学。

二、首都博物馆近年临时展览分析

考古类展览尽可能地提供给参观者真实、全面的信息，以多视角、多领域来认识考古发现和考古成果，最大限度地激发参观者的兴趣，发挥博物馆的社会效益。近年来首都博物馆举办了一系列考古类展览，这些展览主要有最新的考古发现展示、区域性考古成果展示，以及对文物新解读方式的研究成果展示等。

（一）最新考古发现成果展览

对于新发现的、社会关注度比较高的重大考古发掘在初步研究后及时转化为博物馆展览，进一步扩大了社会影响力，获得了极大的关注度。如首都博物馆于2016年举办的"五色炫曜——南昌汉代海昏侯国考古成果展"就是此类展览的代表。

2011年3月，江西省文物部门接到群众举报，南昌市新建区的一座古代墓葬正在遭受盗掘，经国家文物局批准，江西省文物考古研究所于当年4月开始对墓葬进行抢救性发掘。南昌汉代海昏侯国遗址的发掘和保护工作引起全国关注，国家文物局将其列入重点考古项目。海昏侯国遗址考古发掘工作取得了丰硕成果，受到社会各界的广泛关注，掀起了"海昏侯热"。为使考古成果能更广泛地惠及社会公众，2016年3月"五色炫曜——南昌汉代海昏侯国考古成果展"在首都博物馆开展，向公众揭开了海昏侯国的神秘面纱。展览精选了具有代表性的出土文物300余件，此次展览分为"惊现侯国""王侯威仪""刘贺其人""保护共享"四个部分。展览开幕前就举办了《探秘海昏国》作为展览预热，展览期间首都博物馆还准备了多场学术讲座，向公众解读南昌汉代海昏侯国的历史。此次展览把考古发掘、保护、利用、展示工作有机结合、融为一体，多家重要媒体持续报道，吸引了社会公众的关注，3个多月的展期参观人数达42万多人（图一）。此次展览以多角度、全方位展示南昌汉代海昏侯国的考古发掘，通过展示海昏侯国遗址丰富的出土文物，从考古发掘成果的角度，重新审视墓主刘贺和汉代历史，还将考古发掘过程、文保工作的成果与展望一并呈现，提升了社会影响力。

（二）区域文化与历史的展览

1. 反映区域整体历史发展脉络展览

区域性的考古展主要是指汇集某一地区的考古文物的展览，反映此区域整体的历史文化等多方面的内容。2019年首都博物馆举办的"穿越——浙江历史文化展"，展览按照浙江历史发展脉络加以归纳总结，形成一条主线，分为文明序曲、古越春秋、空山新雨、东南乐土、南渡临安、面向大海六个单元，共展出376组件文物，部分文物是近年来最新考古发掘成果，还有被载入教科书的河姆渡遗址出土文物、良渚出土文物等，展览全景式展现浙江地区文物文化资源。展览从史前直至明清时期，用考古发现的成果和历史文物，为参观者讲述浙江作为中华民族五千年光辉灿烂文明重要组成部分，地域文化丰富多彩，历史源远流长，文化底蕴延续数千年。

2. 反映区域主题展览

考古成果展在展示区域性的历史发展脉络时，除了整体全方位展示区域历史外，也可以突出某一主题，从不同的策展角度切入。2019年在首都博物馆举办的"山宗·水源·路之冲——一带一路中的青海"展，以青海在"丝绸之路"历史上的辉煌成就为主线，通过源远流长、汉风羌道、吐谷浑国、吐蕃东进、海纳百川、《一带一路中的青海》宣传片等六个部分，以及展出的442件套文物作为千年丝路历史的见证物，每一部分文物着重突出青海与丝绸之路的关联，展现地域性历史叙事和跨文化交流的历史轨迹，印证了青海自古以来就是交通要塞重地、民族聚居融合之地，是中华文明多元一体文化中的重要组成部分，也是古代丝绸之路、唐蕃古道和茶马古道的重要干线，在"一带一路"中具有重要地位、价值和深远历史渊源（图二）。

（三）用新角度解读考古的展览

对经典的重大考古发现、考古新发现和学科前沿的研究成果进行展示，也可以不同的角度和切入点对同一批考古材料进行不同主题的展览。首都博物馆近年来举办的一些考古类展，有从讲人物故事的角度解读墓葬，有从美学的角度阐释考古成果，有从科技文保的角度展现考古发掘文物。

1. 人物故事角度

1976年在河南安阳小屯村发掘出的妇好墓，出土了一千多件种类众多的精美文物，是新中国成立后的重要发现之一。2016年，在妇好

图一 "南昌汉代海昏侯国考古成果展"展厅入口参观者排起长队

图二 "一带一路中的青海"展热水墓群展示场景

图三 "纪念殷墟妇好墓考古发掘四十周年特展"展厅内复制实物

墓考古发掘四十周年之际，首都博物馆举办了"王后 母亲 女将——纪念殷墟妇好墓考古发掘四十周年特展"。妇好墓自发掘以来的四十年取得了丰硕的学术研究成果，并在海内外多次举办过妇好墓出土文物展。首都博物馆举办的此次展览从妇好的人物身份出发，选取了400多件套出土的文物，为参观者讲述妇好作为传奇历史人物的故事，展览由前言"她是谁"的发问引出人物，从"她的时代""她的生活""她的故事""她的葬礼"四个单元，解读妇好所处的时代、妇好的生平事迹和死后葬礼，塑造出王后、母亲和女将的不同身份集于一身的女性形象，通过展览使三千多年前的人物鲜活起来（图三）。

2. 美学角度

文物除了在历史维度上的意义外，其蕴含的美学精神与审美意蕴成为中国传统美学思想组成部分。2017年首都博物馆举办的"美·好·中华——近二十年考古成果展"，文物来自全国21个省市，包括城址、墓葬、窖藏、地宫、沉船等诸多类别的考古遗址，文物包括宝玉石器、陶瓷器、金银器、青铜器、漆木器等品类。展览以时间为纵线，分别提炼每个时期的美学特征，分为道法自然（史前时期）、天地之道（夏商周）、保合太和（汉唐）、和合能谐（宋元明清）四个部分，通过360件套文物从美学的角度阐释中国艺术"美""好"和谐的特质和中国美学思想的发展历程，引导参观者领略文物之美，以及文物所揭示的美学意涵，参观的过程即是一种获得美的享受。

3. 科技角度

2021年首都博物馆举办的"万年永宝——中国馆藏文物保护成果展"，梳理和回顾了文物保护的发展历程。展览分为"万年""慧眼""巧手""芳华""永宝"五个部分，从文物保护学术成果、科技手段研究等方面，展示文物保护的最新成果，通过50件套重要的考古发掘文物，如秦始皇帝陵出土彩绘俑、李倕墓出土冠饰、南澳一号出水瓷、郑州汪沟遗址出土碳化丝织物、唐代韩休墓壁画等，以文物为出发点，开展考古学、材料学、工艺美术、科技史等学科的交叉研究，传统修复技艺和科技的助力为文物保护增光添彩（图四）。为参观者解密文物如何"破镜重圆"和"延年益寿"，普及文物保护知

图四 "万年永宝——中国馆藏文物保护成果展"展示兵马俑场景

识，让参观者理解文物保护工作的重要性。

三、博物馆考古类展览的作用

博物馆考古类临时展览通过"用材料说话"和"透物见事"的考古学研究思维，[15]以考古发现的文物为物质基础，引导没有考古学研究背景的参观者学习、探索、思考。博物馆考古类展览的作用主要体现在展览作为阐释和媒介的两个方面。

（一）展览——作为阐释

博物馆善于展示文物，考古学也善于给文物一个更为"真实"或学理化的解释框架。[16]苏秉琦先生在20世纪50年代时即指出考古工作的发展和博物馆事业的发展，是不可分的、必须要互相配合的，并把考古工作、博物馆工作和历史研究工作三者的相互关系进行图解（图五）。[17]考古类展览是从博物馆和考古的专业角度向公众阐释考古发现遗迹和遗物的意义，利用考古发现的文物展示考古成果或学术前沿研究，结合多学科知识，考古类展览在"探人类之过往，溯文明之源流"方面发挥重要作用。[18]考古发现的遗迹和遗物凝聚着古人的智慧，在博物馆展览语境中通过多角度、多层次的解读，将公众不

易理解的专业考古知识，用提炼出的通俗易懂的博物馆展示语言阐释出文物的文化内涵、历史信息，使参观者更好地了解中华文明的发展历程。因此，考古类展览的阐释是一座桥梁，通过出土物品、信息和主题内容吸引观众，避免使用一种语言与所有人交流，考古类展览的阐释以激发兴趣、与观众相关、揭示意义为中心。[19]

（二）展览——作为媒介

博物馆可以视为"有代表性的强大媒体"[20]，考古类展览是博物馆展览与考古成果密切合作的成果，考古成果可以并不局限于发掘报告或是专业书籍，展览也可以利用多种展示方式表达和传播考古成果，以实物为载体的形式分享给公众，博物馆展览成为考古成果惠及公众的宣传展示媒介，使博物馆展览成为考古工作与社会公众的重要媒介之一。

博物馆承担着社会教育与宣传的功能，考古类展览展示的过程也是凸显博物馆教育与宣传能力的过程，借助博物馆的平台，让新技术、新手段为考古遗物展示与传播提供参观展览的良好体验，引领公

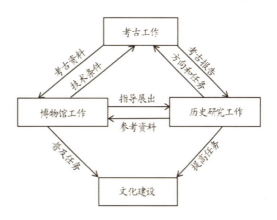

图五 考古工作、博物馆工作和历史研究工作三者的相互关系图（引自：苏秉琦，《如何使考古工作成为人民的事业》，《苏秉琦文集》（二），文物出版社，2009年，第94页）

众对考古兴趣和关注，并转化为社会影响力，形成"考古发掘——科学研究——陈列展览——宣传教育"的转化模式与合作模式。㉑考古类展览作为媒介，借助博物馆的教育与宣传功能，对提高公众对考古工作的认知，加深对博物馆的了解，唤醒公众对民族文化的自信力及保护文化遗产的责任感起到作用；同时借助发达的媒体资源，融入现代社会信息化的发展潮流，通过跨文化传播提升中华文明的国际影响力和话语权，促进中外文明对话和交流互鉴，让中华文明远播海外。㉒

四、结语

蕴含丰富历史信息的考古出土文物，是博物馆展览中具有重要价值的实物，考古类展览的主体是考古发现的出土文物，博物馆考古类展览对考古资料充分研究、精心挑选，利用博物馆展览的灵活有效的展示方式，阐释文物的内涵与外延，发挥博物馆社会教育和宣传功能。博物馆和考古的工作相互促进发展，有利于更好地讲好悠久灿烂的中华文明故事。

①国家文物局网站：http://www.ncha.gov.cn/art/2015/2/1/art_2237_26422.html。

②⑩赵祎君：《出土文物展示中的叙事之反思》，《故宫博物院院刊》2021年第8期。

③⑱⑲㉒方勤：《考古成果的展示与传播探析》，《自然与文化遗产研究》2021年第s1期。

④⑬赵毓、王思渝、刘佳君：《以过程性和引导性为导向的考古展览策划》，《中国文化遗产》2022年第2期。

⑤庞雅妮：《考古研究成果的博物馆展示与活化——"早期中国"系列展览的策划与实施》，《中国博物馆》2021年第4期；黄秋雯：《从考古成果到博物馆陈列转化的思考》，《博物馆致力一个可持续发展的社会——广西博物馆协会第二届学术研讨会暨广西壮族自治区博物馆第八届学术研讨会论文集》，广西科学技术出版社，2017年，第76页。

⑥王巍：《中国考古学大辞典》，上海辞书出版社，2014年，第1页。

⑦［美］巫鸿：《美术史十议》，生活·读书·新知三联书店，2008年，第53页。

⑧［美］巫鸿：《美术史十议》，生活·读书·新知三联书店，2008年，第34页。

⑨李琪等：《对考古遗址类博物馆原创性临展策划的实践与思考——"长江万里青——长江流域青铜器精品展"策展回顾》，《中国博物馆》2022年第1期。

⑪⑭巩文：《博物馆视角下的考古学——中国考古博物馆的建立与实践》，《中国博物馆》2020年第3期。

⑫关山：《全国首家考古类专题博物馆下周开放：全链条展示考古魅力》，https://baijiahao.baidu.com/s?id=1730854343321091443&wfr=spider&for=pc。

⑮⑯曹军、源流运动：《大叙事下的文物与考古——扬州中国大运河博物馆常设展览访谈》，https://new.qq.com/rain/a/20220614A01H4F00。

⑰苏秉琦：《如何使考古工作成为人民的事业》，《苏秉琦文集》（二），文物出版社，2009年，第94页。

⑳［英］尼克·梅里曼著，黄洋、高洋、陈淳译校：《让公众参与博物馆考古》，《南方文物》2012年第1期。

㉑黄秋雯：《从考古成果至博物馆陈列转化的思考》，《博物馆致力一个可持续发展的社会——广西博物馆协会第二届学术研讨会暨广西壮族自治区博物馆第八届学术研讨会文集》，广西科学技术出版社，2017年，第76页。

（作者单位：首都博物馆）

古建类博物馆的展陈特点与空间利用

——以北京大觉寺与团城管理处为例

郑维丽

泱泱中华，底蕴深厚，博大精深。在漫长的发展过程中，勤劳勇敢的祖先们给后代留下了丰富而宝贵的人文景观、历史文物、建筑遗迹以及传统而活态的生活方式和精湛技艺。它们是人类想象力、创造力以及劳动和智慧的共同见证，也是人类文化多样性的生动展示。

2014年，习近平总书记发表演讲时说："让收藏在博物馆里的文物、陈列在广阔大地上的遗产、书写在古籍里的文字都活起来，让中华文明同世界各国人民创造的丰富多彩的文明一道，为人类提供正确的精神指引和强大的精神动力。"[①]作为文化遗产的重要组成部分，古建筑凝聚着古人的智慧和汗水，承载着较高的历史价值、文化价值和艺术价值，是一座城市历史记忆的承载者和文化传承的衔接者。古建类博物馆是我国博物馆总量的主要基数之一，在我国博物馆体系中占比庞大。本文以事业单位体制改革后的北京大觉寺与团城管理处为例，尝试探讨大觉寺和团城演武厅两处古建类博物馆的展览特点与空间利用问题。

一、古建类博物馆的概念及相关政策

古建类博物馆，即利用原有的文物建筑作为博物馆的馆舍，在文物建筑保护的基础上叠加博物馆的概念和职能，使其更好地发挥社会功能，阐释和展示其独特价值及历史文化信息。在近代博物馆发展进程中，文物古建再利用为博物馆的案例屡见不鲜，它们对于促进博物馆事业全面发展，满足公共文化服务需求，传播优秀历史文化起到了重要作用。

"活化利用"（Adaptive Resue）一词最早出自1979年的《巴拉宪章》，意指为建筑遗产找到合适的用途（即容纳新的功能），使得该场所的文化价值得以最大限度地传承和再现，同时对建筑重要结构的改变降到最低程度。[②]随着现代文物保护范围的进一步扩大，保护理念的不断更新，保护内容的深入丰富，一座古建筑活化利用为博物馆，意味着打破以往"保护为主"的静态模式，转变成集全面保护、科学研究、展示利用、教育宣传多元一体的功能模式，更加注重对古建筑历史文化内涵的挖掘与阐释。利用古建筑作为博物馆这种就地取材的方式，是文化价值的延伸，是古建功能的转换，也是为历经千百年岁月沉淀而成的历史文化意蕴找到了别样的表达方式，方便公众对其重新解读。

建筑的再利用一直以来都很常见。我们现在所讲的古建筑，因其在历史长河中曾具备各种各样的实用功能，而被赋予了不同的利用价值。尤其是改革开放之后，国家文物事业管理局颁发了《省、市、自治区博物馆工作条例》，提出贯彻古为今用的方针，鼓励各地大力发展博物馆事业③。一时间，全国各地纷纷因地制宜地开展博物馆建设工作，在推进文物建筑腾退工作的同时，利用其建筑空间挂牌各类博物馆，主要有专题性博物馆、纪念馆和综合性博物馆等，依托古建筑的历史文化内涵开展与之相关的博物馆业务，真正从"文"（保护）迈向"博"（博物馆），探索文物利用，发挥公共职能。

2015年修订的《文物保护法》规定，核定为文物保护单位的属于国家所有的纪念建筑物或者古建筑，除可以建立博物馆、保管所或者辟为参观游览场所外，作其他用途的，④应逐级申报。这一规定更加明确了文物古建的再利用方向，为古建筑博物馆化创造了条件。以北京为例，在2015年博物馆名录的151家博物馆中，古建类文物保护单位有40家，其中坛庙宫观类16家、名人故居及历史事件发生地类11家、城楼类6家、宫廷1家、王府1家、会馆1家、近现代工商建筑4家。⑤截至2022年5月18日，北京地区已有备案的博物馆204家，古建类博物馆将近占总数的四分之一，例如故宫博物院、孔庙和国子监博物馆、北京石刻艺术博物馆、北京艺术博物馆等，都是在古建的基础上成立的博物馆，这也是北京地区博物馆的一大特色。

2020年，国家文物局印发的《文物建筑开放导则》第三条指出："文物建筑开放应有利于阐释文物价值、发挥文物社会功能、保持文物安全、提升文物管理水平，在不影响文物建筑安全的前提下，依托文物建筑进行参观游览、科研展陈、社区服务、经营服务等活动。"2022年7月，国家文物局印发了《关于鼓励和支持社会力量参与文物建筑保护利用的意见》，鼓励和支持社会力量参与文物建筑保护利用，共同推动文物事业高质量发展。由此可见，文物建筑的保护理念是不断发展的，从原来的静态保护、修复为主转变成了开放利用、发挥社会功能。文物建筑在当下社会也逐渐开始扮演新的角色，有了新的发展方向和身份的多元化，拥有更多的人文关怀和亲和力，逐渐发展成为一个引发思考、激发共鸣、启迪思想的文化交汇和传播的公众交流平台与媒介。

二、大觉寺与团城的展陈特点分析

近两年来，北京地区事业单位经历体制改革，原来的大觉寺管理处和团城演武厅管理处合并为北京大觉寺与团城管理处，囊括了大觉寺和健锐营演武厅两个国家级文物保护单位，同时也是面向公众开放了三十余年之久的两家古建类博物馆。管理处与博物馆机构并置的"双名制"特性，意味着管理方向从古建保护走向文化价值的综合研究，体现出文物利用的公共性意义。

（一）大觉寺与团城建筑遗迹

大觉寺是一座始建于辽代的千年古刹，位于海淀区旸台山东麓，院建筑分东、中、西三路，按照辽代契丹族尊日东向、崇拜太阳的习俗，坐西朝东，依山就势，层层递进。其中，中路建筑自东向西依次为山门殿、碑亭、钟鼓楼、天王殿、大雄宝殿、无量寿佛殿、藏经楼、佛塔、龙王堂等，布局严谨规整，精巧幽深。大觉寺历史源远流长，文化底蕴深厚，在几度兴衰交替中完整保存了古代佛教的建筑特色，保留了造像、经板、碑刻、契约文书等珍贵的文化遗存，这些对于研究古代佛教文化、北京社会风俗、土地及宗法制度等方面具有极高的价值和意义。

团城演武厅又称健锐营演武厅，坐落于香山脚下，始建于清乾隆十四年（1749），是清代皇家特种兵健锐营定期进行合练的演武校场遗址。健锐营是清代一支骁勇善战、舍生忘死的特种部队，与火器营和圆明园护军营并称"京西外三营"，在乾隆、嘉庆、道光三朝为维护国家统一和保卫边疆安定立下汗马功劳，在清朝政治军事中占据重要地位。健锐营演武厅是京西外三营中唯一完整保存了原有校场格局的皇家武备建筑群，承载着北京西郊三山五园地区重要的军事武备文化内涵。建筑遗迹从北向南依次为石桥、团城、演武厅、东西朝房、西城楼门、校场、放马黄城、实胜寺碑亭、松堂，分布在周围的还有八旗营房、印房、官学、石碣等。

（二）两家古建类博物馆的展览特点

作为古建类的中小型博物馆，大觉寺和团城演武厅在发挥博物馆职能方面，在各自领域面临着众多困境，例如：受古建空间、结构的制约，展陈形式较为传统、单一；在观念上重保护，轻展示，博物馆化程度不足；馆藏资源单一或稀少，展览陈列中缺少亮点文物、展品；建筑群落相对分散，展览叙事碎片化；日常事务繁杂，专业人员力量薄弱等。

但是"麻雀虽小，五脏俱全"，我们同样肩负着传承和弘扬优秀传统文化、搭建文化交流共享平台、启迪公众思想等重要任务，责无旁贷。面对诸多困境，两家博物馆敢于迎难而上，各自发挥所长，挖掘文化价值，策划各种展览活动，努力实现古建的功能转换。从佛教院落转化为博物馆，意味着大觉寺不再是单一的宗教信徒的教育场所，而是成为为社会公众提供知识、受社会公众普遍信赖的公共文化机构。近年来，大觉寺在发挥博物馆职能方面，努力做了很多尝试，举办了诸多以社会教育和公众服务为导向的展览活动，取得了良好的社会效益。同样，作为向公众开放的国家级文物保护单位，团城演武厅依托丰富的历史文化资源，结合文物建筑特色，发挥自身武备文化优势，广泛关注周边社会群体，开展一系列主题展览及文化体验活动，积极弘扬优秀中华传统文化，受到了广大观众尤其是青少年群体的一致认可。虽然两家博物馆文化主题相差

其远，但在进行建筑功能转换、发挥博物馆职能、开展社会公众文化教育等方面总能找到一些相通之处。现结合两处古建类博物馆近十年来策划举办的展览活动情况，暂将展览特点归纳总结如下：

1. 充分挖掘文化优势，打造相关文化品牌

大觉寺环境优雅，林莽苍郁，有大量古树名木，品种珍贵，造型奇特。其中最负盛名的，是无量寿佛殿前的千年银杏和四宜堂院内的古玉兰树。千年银杏树干粗壮，枝繁叶茂，每年一到秋季，金光灿灿，落叶满地，蔚为壮观。古玉兰树树龄近三百年，花繁瓣大，花形俏丽，典雅洁白，冰清玉洁，美不胜收。每年春天，赶来看古玉兰的观众络绎不绝。为突出文化景观优势，打造自身文化品牌，大觉寺近年来以银杏和玉兰为主题，因地制宜地举办了多次"大觉寺玉兰文化展""西山·大觉寺银杏文化展"等文化展览活动，让观众在古寺的声声钟磬中能够春赏玉兰，秋赏银杏，感受世外桃源般的静谧。

健锐营驻扎的北京西山地区有着深厚的历史文化积淀，以健锐营演武厅为物质依托的相关旗营文化遗产，对于研究清代军事文化、旗营文化等具有十分重要的意义。团城演武厅多年来深入挖掘清代旗营、军事武备等相关文化内涵，策划一系列相关展览，发挥军事文化优势，助力"三山五园"文保示范区的创建。比如"古代军事建筑展""健锐营营房展""中国古代知名战马展""大阅兵——历代军戎服饰展""中国古代军事体育展""庆祝建国70周年'大阅兵'展"等，并策划多场"小小巴图鲁"文化体验活动，宣传有勇有谋、知方守节的健锐营精神，打响武备文化特色品牌。

2. 积极参与社会生活，尝试开拓服务资源

除了传统的历史文化、自然景观等策展思路外，近年来大觉寺努力打破属性禁锢，转换策展思路，以人为本，注重观

众情感互动和参观体验，尝试积极参与社会生活，围绕观众以及观众眼中的"大觉寺"进行展览活动策划，例如"我与大觉寺"系列"彩墨金秋大觉禅韵——大觉寺主题绘画展""古刹春色——大觉寺摄影图片展"等，围绕大众喜爱的传统节日文化习俗策划了"元旦民俗文化展览""腊八节民俗文化展""博物馆里过大年——春节民俗文化展览""端午民俗文化展览""中秋传统文化展览"等，深受观众喜爱，取得了良好的社会效益。

团城演武厅也积极探索展示利用方式和宣传教育路径，开拓周边社区、学校、相关单位服务资源，在香山公园举办"大阅兵"巡展，在怀柔区喇叭沟门满族乡举办"我的满族人生——清代满族文化展"，在门头村社区举办"香山地区风景名胜展"，在海淀第四实验小学举办"中国古代军事体育展"等，以公众喜闻乐见、易于理解的方式策划实施展览项目，提升公众的获得感。另外自2012年以来，团城围绕"打工子弟"策划实施了一系列展览项目，比如"我爱我家——打工子弟学校学生绘画展""我爱博物馆——外来务工子弟学校手抄报展""我爱创意——外来务工子弟学校创意产品展""外来务工子弟学校校史展""'我爱老北京建筑'小学生摄影展"等，用温情和善意关注社会群体，真正体现人文关怀，让博物馆与公众建立密切联系。

3. 搭建文化交流平台，实现传播互利共赢

为增强文化亲和力，让博物馆文化更好地融入现代社会生活，大觉寺与多家单位开展共建合作，搭建文化交流平台，提升交流和传播的广泛性，实现文化的互利共赢。其中，与明慧茶院合作的"中国茶文化展"，在2014至2015年间陆续到俄罗斯中国文化中心、普希金博物馆，美国芝加哥，以及我国西藏林芝、福建厦门等多地展出，促进中华优秀传统文化的交流与传播，将中国茶文化带出国门。另外，大

觉寺还与北京星空创想创造型思维美术教育机构合作举办"北京星空创想美术教育夏令营写生作品展"，与中国插花花艺协会合作举办"国家级非物质文化遗产——传统插花文化展"，与柳州文庙管理所和柳州群众艺术馆合作举办"柳州少数民族风情展"等展览项目，充分体现了大觉寺努力打破固定办展思维，真正实现文化交流互通。

作为古建类博物馆，团城的主要特色是文物建筑，文物藏品稀缺，展厅相对分散，怎样在临展项目中凸显优势、发挥特长，讲好自身文化故事，成为长期以来的难题。在北京市文物局的领导和关怀下，团城与首都博物馆、北京市古代钱币展览馆、北京石刻艺术博物馆、天津博物馆等合作共建，通过仿制文物、租借场地等方式，搭建文化共享平台，学习优秀经验，逐渐摸索出一条适合自己的道路。2018年，团城与天津博物馆进行临展交流，天津博物馆策划的"梁启超和他的孩子们巡展"在团城的帮助下来到北京几家中小学等展出，团城策划的"我的满族人生——清代满族文化展"在天津博物馆展出。这种协作模式打破了团城办展的瓶颈约束，拓展了文化传播的渠道，更利于双方发挥自身优势，互利共赢。

4. 深耕历史文化底蕴，促进科研成果转化

大觉寺自创建至今已有千年的历史，历尽沧桑，底蕴深厚。1989年，经北京市编委批准成立北京西山大觉寺管理处，1992年大觉寺正式对外开放。三十余年里，大觉寺的科研人员辛勤耕耘，深度研究本馆的历史文化，申报多项科研课题，发表了诸多专题论文并出版专著多部。大觉寺展览的另一个显著特点，是以科研成果为基础，注重科研成果转化，在广泛搜集资料、实地调研和充分论证的基础上撰写展览大纲，结合自身建筑特点选择展陈形式，形成了"大觉寺历史文化展""此情可待成追忆——历代名人与大

觉寺""诸天造像艺术展""乾隆与大觉寺""追忆百年红色记忆——大觉寺及周边红色史迹展"等观众口碑良好的专题展览，促进了历史文化的展示和传播。

展览未始，科研先行。在作为博物馆的三十余年里，团城也非常重视科研资料的积累以及科研成果的转化利用，在传播科学文化知识和教化公众方面努力发光发热。团城业务人员努力钻研，多次深入全国各地开展调研踏查，广泛搜集健锐营相关历史文化资料整理成史料汇编，完成多项科研课题，发表多篇学术论文，并最终转化为多个高品质展览。"中国传统弓箭文化展""中国古代盾牌文化展""中国古代刀剑文化展"以及正在落地的"团城演武厅固定陈列展展陈"项目等都是在前期科研课题申报和实地考察的基础上实施的，充分保障了展览的科学性和严谨性。

三、古建类博物馆在空间利用方面的探索

《文物建筑开放导则》第十七条指出："文物建筑开放使用建设应坚持最小干预原则，不得影响文物建筑原有的形式、格局和风貌，不得改变结构体系，不得损毁文物建筑、影响文物价值。"⑥在现实中，古建类博物馆在办展时大多会受到自身建筑特性的约束，一方面是不具备现代化博物馆场馆室内的广阔空间和举高，另一方面是文物建筑本身就是最大的展品，如何处理好古建保护与展览效果之间的关系，如何在保证古代建筑整体格局和风格的同时，又充分考虑到现代化展板、展柜、射灯、多媒体和互动设备等的布置，以及展览路线的规划等问题，是值得每个策展人深入思考的问题。大觉寺与团城的展览在空间利用方面，根据自身建筑特点有各自的考量，以下分别来谈。

（一）大觉寺的建筑空间利用

大觉寺的展陈空间主要由常设展厅和临时展厅组成，随着博物馆功能的不断演进和宣传教育需求的不断拓展，大觉寺逐渐开拓展览空间，腾退部分办公用房作为临时展厅，方便公众获取更多历史文化知识。常设展厅位于中轴线上的大悲坛，目前展出的是"大觉寺历史文化展"。在大觉寺山门内的南北两侧，分别设置了两个临时展厅，目前展出的是"乾隆与大觉寺"和"追忆百年 红色记忆——大觉寺及周边红色史迹展"。另外，基于季节性活动文化宣传以及观众看展的空间等需求，以图文为主的科普性临时展板会放置在山门内步行道左右。

以"追忆百年 红色记忆——大觉寺及周边红色史迹展"为例，为了彰显大觉寺及周边红色史迹在北京西山一带的重要性，充分利用临时展厅的建筑空间，突破传统展陈形式，利用场景搭建的手法形成体验性设计，在展厅中设置了象征红色丰碑、国之柱石的多根立柱，在特定的情境中仿造真实年代场景，展现出革命场景的发生、发展过程。立柱四周安装图文展板，观众在围绕"丰碑""柱石"参观的过程中，产生一种时间穿梭的空间状态，营造令人陶醉、愉悦的情感体验，让他们深刻感受中国共产党艰苦卓绝的奋斗历程，接受党史和革命传统教育。

（二）团城演武厅的建筑空间利用

团城演武厅是清代皇家演武校场，具有室外场地开阔，但古建展厅相对分散、径深不足等特点。以往的展陈空间分为室内和室外两部分，常设展厅设在演武厅、东朝房，临时展厅设在西朝房，室外主要是图文科普类的临时展，设在箭场和现代军事展区。在近两年的固定陈列展改陈工作中，团城在展陈空间利用上进行了新的探索，结合先前布局经验，深度分析展厅优劣势，开放东西值房、南北城楼作为新的展览空间，并对七处古建空间重新进行不同功能划分，使展示内容相对独立又相互串联。此次改陈采用原状陈列与现代展陈方式相结合的思路，做到扬长避短，更加注重观众体验，更深入系统地展示健锐

营皇家演武场的历史风貌。演武厅通过清乾隆时期家具、牌匾等原状复原的方式展示健锐营的历史沿革；东西配殿通过经典战争场景搭建、武器复原等讲述健锐营建制及功勋；东西值房以活泼有趣的多媒体及物理互动讲述旗营生活及传统技艺；北城楼主要解读御制实胜寺后记碑和乾隆宝玺；南城楼紧扣三山五园主题讲述健锐营在三山五园中的职能和定位。

以东朝房为例。按照新的展览大纲及策展思路，东朝房主要展示健锐营的建制与将领。展厅整体呈长方形，径深只有6米，实际展示面积不足一百平方米。此次改陈中，我们在保证观展效果的同时努力做到空间利用最大化，将展厅东侧切割成斜角做成通高大展柜展示八旗甲胄及旗帜，将展板文字以丝网印的形式印在玻璃上，将诸多健锐营将士用表格统计，做成玻璃推拉板的形式，把著名将领代表的生平事迹以语音自述的形式做成听筒播放，在相对狭窄的展厅景深中尽可能完整而流畅地展示相关信息，让内容和媒介与观众形成具有亲和力的对话空间，在考虑实际观展效果的基础上节约展厅空间，使观众体验造型、材料、声音等所表现出的生命力。

另外，在新的展览设计中，团城演武厅打破了原来单一的通过视觉形象使观众获得知识信息的展陈模式，增加了如利用视频动画展示健锐营营房在香山地区的分布、利用iPad屏与灯光电路联动展示健锐营日常训练、利用交互控制系统与一体机进行虚拟穿衣和亚克力翻板展示满族旗营特色饮食等趣味性互动项目，横向拓展客观受限的展陈空间，优化观众观展体验，提升观众自主性和忠诚度，让观众在"特定的情境中体验、发现、反思，从而对特定知识产生兴趣，将被动的参观变为主动的学习和创造过程"。[7]

四、小结

以大觉寺和团城为例的古建筑类专题性博物馆，尝试转换发展思路，突破客观瓶颈，在传递文化知识和实现社会价值，进行社会教育和公众服务的道路上努力学习，砥砺前行。宋向光先生认为，以文物建筑之为博物馆这一做法，会给社会公众以博物馆就是文物的认知。[8]伴随日新月异的社会发展和不断增长的公众文化需求，文物建筑转化为博物馆后，怎样发挥自身文化优势，扬长避短，从"文物保护"迈向"展示利用"，怎样明确核心价值和定位，重构文化内涵，避免模式化发展，怎样充分利用建筑空间，激发自身活力，有效参与社会生活，值得我们今后去深入研究和不断探索。

①摘自2014年习近平总书记在巴黎联合国教科文组织总部的演讲词。

②张朝枝、刘诗夏：《城市更新与遗产活化利用：旅游的角色与功能》，《城市观察》2016年第5期。

③国家文物局编：《中国文化遗产事业法规文件汇编（1949-2009）上册》，文物出版社，2009年，第89-92页。

④国家文物局官网：《中华人民共和国文物保护法（2017年修正本）》第二十三条。

⑤国家文物局：《关于印发2015年度全国博物馆名录的通知》，文物博发〔2016〕18号。

⑥中华人民共和国中央人民政府官网：《国家文物局关于印发〈文物建筑开放导则〉的通知》，文物保发〔2019〕24号。

⑦贾佳、左伊娜：《新媒体时代博物馆的角色与功能转型》，《大众文艺》2016年第14期。

⑧宋向光：《博物馆不是"场馆"》，《中国文物报》2013年3月1日第3版。

（作者单位：北京大觉寺与团城管理处）

再添秀色

——北京艺术博物馆藏清皇室后裔书画摭谈

杨小军

辛亥革命以后，清朝帝制被推翻，随之八旗军队、贵族学校遭解散、撤除，皇室特权逐渐消失。至1924年冯玉祥将溥仪逐出皇宫后，清皇室的优待条件彻底丧失。过去许多居住在宫苑王府的皇室成员开始散居各地，部分有书画特长者投身到书画创作、研究教学及画坛活动中去，声名渐至隆显。

清皇室溥字辈宗室中就涌现出不少书林妙手和绘画名家，对当时北京画坛乃至20世纪中国书画史产生了一定影响。北京艺术博物馆藏有百余套清皇室后裔书画作品，涉及溥氏昆仲、毓瑛、毓琛、启功、叶喆民等数十人。他们不仅拥有皇室后裔这个共同身份，而且在艺术认知上高度相似。本文撷取部分代表性画家及作品分别加以概述。

一、溥氏昆仲

乾隆帝曾给皇族钦定字辈"永、绵、奕、载、溥、毓、恒、启"。至溥字辈时，书画高手如云。不仅逊帝溥仪能书善画，其余溥氏昆仲中，溥儒、溥忻于鉴藏、诗文、书法、绘画、古琴无一不精，蜚声艺坛。又与溥僴、溥佺合称"四溥"，扬名于民国画坛。至溥儒离开大陆后，溥佐补位形成新"四溥"，为皇室书画再添秀色。

值得一提的是，当时皇室子弟以家族雅集形式创建"松风画会"名噪一时，溥忻任会长，亦逐渐吸收一些老贵胄为会员。会员之间除切磋画艺外，还注重艺术传承，以保存国粹为时代己任。画会对当时传统中国画，尤其是宫廷院画的传承与弘扬作出了较大贡献。

溥氏昆仲在画坛崛起，客观上得益于易代之际的时代特殊性，以及其皇室身份，他们自幼由翰林院饱学之士教导，具有较高文化艺术修养。清朝灭亡后，他们仍然得到不少优待条件。在《关于大清皇帝辞位之后优待条件》[①]中能够看到：一是逊帝溥仪尊号仍存不废，二是皇室岁用四百万两白银由中华民国拨付，三是清王公世爵概仍其旧，四是清皇族私产一律保护，等等。在这些优待下，清皇室后裔们在民国初年依然拥有优渥家资支撑他们过着作诗填词、寄情书画的生活。直至1924年冯玉祥将溥仪逐出皇宫。在这种时代背景下，20世纪20年代，溥氏昆仲相继走向画坛，或成为职业画家鬻画为生，或进入美术社团、专业院校教学为业，参与画坛活动渐多，声名亦随之渐隆。北京艺术博物馆藏溥氏昆仲书画作品丰富，人员众多。现撷取逊帝溥仪，恭亲王奕䜣之孙溥伟、溥儒，贝勒载瀛之长子溥忻、五子溥僴、六子溥佺、八子溥佐等加以介绍。

（一）溥仪

溥仪（1906—1967），字曜之，号浩然，醇亲王奕譞之孙、载沣长子。因光绪帝无子，被慈禧太后选为嗣皇帝，1911年辛亥革命后逊位，结束清朝统治。此后他历经短暂复辟、伪"满洲国"皇帝、战俘、全国政协委员等多重人生变故，著有自传《我的前半生》。溥仪平生喜画牡丹花卉，书法多见楷书，字体工整，有欧书韵味。其书画曾获陆润庠、陈宝琛、梁鼎芬等人悉心指导，有一定造诣。在故宫及天津张园时期他创作了大量书画作品赏赐大臣。馆藏溥仪书画作品8套。"艺5953"为榜书"凝清室"，工整醒目，含欧体韵味。"艺23683"为八言对联条，内容为"直似贞筠温如瑞玉，澡以春雪澹若涧泉"，融自周柱国大将军拓跋俭神道碑文及嵇康诗，同样含有欧体韵味。这类书法不难看出袁励准、郑孝胥对他的影响。宣统帝也擅长颜体楷书。"艺5987"是宣统帝赐给陈宝琛的七十岁贺寿联，内容为"世臣喻乔木，晚节视黄花"，中正大气，典型颜体风格。

晚清金石古器鉴藏成风，书法追求高古和金石味成为风尚，溥仪对此有独到的见解。"艺23682"内容为"龙蛇走偏老藤蔓，蝌蚪篡传古鼎铭"，认为草书应像老藤盘绕，蝌蚪文应如古鼎铭文，体现了宣统帝的书法认知。

绘画方面，溥仪钟爱画没骨牡丹花卉，馆藏多幅此类题材作品。"艺5459"宣统帝花卉轴是件没骨牡丹，作于1922年，设色秀丽精熟，落款"壬戌孟冬中澣御笔"，左上有朱汝珍敬题诗一首（图一）。另一件"艺5462"作品同年所绘，以水墨设色法绘春日傍晚的一簇牡丹，红、黄相间，艳丽多姿、富丽堂皇。上部行书题"壬戌孟冬中澣御笔"，左侧同样是朱汝珍敬题诗。"艺3746"御笔花卉轴作于1923年，同样是以没骨法画牡丹。两朵牡丹花在绿叶衬托下，一白中泛鞓红，一白中泛浅绿，花色别致。右上题款"癸亥嘉平下澣御笔"，左上有大臣景方昶敬题诗："锦绣名花满上林，沉香亭畔正春阴。鞓红欧碧千般好，总是栽培雨露深。"题诗与画面相得益彰。

从溥仪的书画作品看，他接受了清皇

图一 宣统帝御笔花卉轴

室丰厚的书画遗产，在师仿前辈楷法及恽寿平没骨花卉画上有较高水平。

（二）溥伟

溥伟（1880—1936），号锡晋斋主，道光帝旻宁曾孙、恭亲王奕䜣嫡孙、贝勒载滢之子。光绪二十四年（1898）承袭恭亲王爵，历任官房大臣、正红旗满洲都统、禁烟事务大臣等职，1936年猝死于新华旅社，被追谥为恭贤亲王，爵位由其子毓嶦继承。溥伟工于诗词、书法，馆藏溥伟书法作品3件，即"艺23701"恭亲王书法轴、"艺3309"恭亲王书法条、"艺23703"恭亲王书法七言对，三件作品原被专家错定为恭亲王奕䜣所书。本文经对其书法风格、钤印等比较后定为溥伟作品。

"艺23701"恭亲王书法轴，是恭亲王临习王献之《静息帖》行草作品（图二），落款"庚午五月为万松堂主临，恭亲王",后钤印朱文"锡晋斋印"。之所以认定为溥伟所作,与"锡晋斋印"有密切联系。锡晋斋是恭亲王府邸西路最后一进院落,乾隆时是和珅僭侈逾制仿宁寿宫隔段式样所盖的楠木房屋,名曰"嘉乐堂",庆亲王永璘、恭亲王奕䜣府邸时称"庆宜堂"。恭亲王奕䜣《庆宜堂避暑偶作》诗中写道"积善欣余庆,安闲更得宜,留欢殊自惬,出语总成诗"。诗句末尾藏"庆宜惬诗"四字,并注明"邸第西斋额曰庆宜堂,传闻系庆邸居时旧额"。该诗写于光绪十三年(1887),表明此院落时称庆宜堂。到溥伟府邸时,因斋内存有晋代陆机手书《平复贴》,溥伟才改称为"锡晋斋",并自号"锡晋斋主",可见此作品为溥伟所书无疑。据溥伟生卒年推知,此作品落款"庚午五月"应为1930年。这件藏品作者的确认,为确认另一件"艺3309"恭亲王行草作品的作者身份也提供了标尺。该作品以行草笔法书写《洛神赋》中词句,后钤印朱文"恭亲王"。用图像学方法将其与"艺23701"中的相同字迹进行类比(图三),一是对作品中相同的"松""此""之""应""月"等单字比较,二是对作品中相同的草字头、宝盖头、三点水旁、车字旁等相同偏旁进行比较,三是对"恭亲王"等连字进行比较。再加上对行气的分析,可以轻松得出两件作品是同一人书写的结论。从书

图三 两件恭亲王行草作品图像学比较

法角度看,笔法、字法、章法、墨法和气韵五法共同构成书家个人书风特征,经过长期书写训练形成的书家面貌具有极强稳定性,即便是书家改临其他书体,也是在已然形成的基础上求变化,面貌很难轻易改变。上述两件恭亲王行草作品,"艺23701"虽然是临习王献之的作品,但稳定的用笔和结字方法没有改变,综合比较两件作品,可以明确同为溥伟所书。

另一件"艺23703"恭亲王七言对条,是以异体字所集的七言楷书联。内容为"芳野人耕春雨后,小楼花绽晚晴初"。上联题"重光协洽壮月下澣",下联落款"锡晋斋",后钤白文印"恭亲王"、朱文印"锡晋斋"。"重光协洽壮月下澣"表明作品书写时间是辛未年农历八月下旬(1931年10月1日后),由于下联钤有朱文印"锡晋斋",则可直接定为溥伟所书。

(三)溥儒

溥儒(1896—1963),字心畬,号羲皇上人、西山逸士、钓鲸鱼父等,恭亲王奕䜣之孙。他工书擅绘,精于鉴藏,与张大千有"南张北溥"之誉,与吴湖帆并称"南吴北溥"。1949年赴台后,始终从事教学及诗文、书画创作。有《寒玉堂画论》《寒玉堂论书画》《寒玉堂词集》

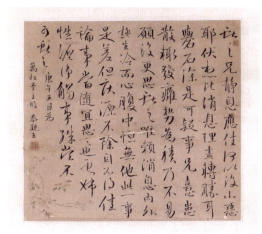

图二 恭亲王溥伟临王献之《静息帖》轴

《寒玉堂文集》《尔雅释言证经》《毛诗经义集证》《四书经义集证》《十三经师承略解》等著作存世。溥儒也是著名鉴藏家，曾收藏陆机《平复帖》、怀素《苦笋帖》、马远《雪滩双鹭图》等名作。北京艺术博物馆藏溥儒书画57套，其中书法19套、绘画38套，以山水画数量最多，另有少量花卉及人物画。

溥儒书法各体皆能。楷书初学柳公权，中年后宗成亲王永瑆瘦硬欧体一派。行草师法晋唐诸家，对宋人米芾、黄庭坚，元人赵孟𫖯皆有涉猎，结体遒美，骨势清健。馆藏"艺23695"溥儒行书七言对是一件贺寿联，内容为"芝兰玉树皆娟秀，青鸟蟠桃共岁华"。上联署款"吴母太夫人七秩寿"，下联落款"溥儒敬贺"，是其行草代表作。

溥儒绘画初学王原祁，后上溯黄公望等宋元之法，淡雅清逸。技法上喜用线条勾勒，施以淡彩，较少浓墨皴染。"艺

图四 溥儒"秋风寄相思图"山水人物镜心

4841"溥儒"秋风寄相思图"山水人物镜心（图四），画面远、近景色安排得当，远峰云断，近处山林枯寂，有鸟巢孤零零挂在树梢。林下山涧奔流，涧边野草遗绿，一枝红叶在树根处摇曳，一派晚秋景象。三位文士抬望树上鸟巢，似在交流感慨，身后两童子亦交谈甚欢。画面用笔刚劲，设色含蓄丰富。画面右上方题款"落叶聚还散，寒鸦栖复惊。太白诗意。心畬"。时人赞誉此类以线条勾勒、施以淡彩的作品深得南宋绘画精髓。另一类水墨绘画则更显萧疏散逸，"艺8288"溥儒山水书法成扇是其1929年所绘。此成扇一面是行草五言诗，一面绘秋天荒野景观，画中一高士独坐在秋叶飘零的枯树旁，更显寂寞苍凉。画面题"看到秋容最好时，瘦藤老树有奇姿。间或重共山僧话，可笑踏青人未知。己巳临南田法为效平方家正。溥儒"。展示了他诗词、书法、绘画多方面的造诣。

较之山水注重笔墨韵味，溥儒的花鸟、人物则更讲究造型准确和线条精微。"艺4366"溥儒花虫轴，画面上梧桐枝叶自左上垂至右下，一鸣蝉栖其上。左下行书题"滴尽窗前雨，犹闻叶上声。心畬写"。作品构图巧妙，勾线精谨，梧桐叶层层烘染，傅色浓淡得宜。"艺5378"溥儒朱笔钟馗轴，以朱笔白描钟馗及小鬼，人物比例、造型准确，眼神神态刻画生动，钟馗鬓须毛发丝丝可见，衣装纹样细节丰富。这两件作品反映了溥儒对花鸟、人物画造型、线条和色彩的重视。

民国时期，溥儒与张大千有"南张北溥"之誉，二人常有合作。"艺3344"溥儒、张大千共作山水人物轴，据画面何瀛题跋可知是溥、张二人于1946年游完北京西山昆明湖后的合作。画面上层峦叠嶂、飞瀑流泉、苍松虬劲，林中高士凝神观瀑，若有所思。右上题"云脚松根接路迷，遥峰咫尺与天低。石桥坐挹苔钱雨，使作清流下涧溪。丙戌二月昆明湖上与西山逸士合作"，落款"大千张爰"。左上

题"南张北溥遗世之作，琴戏之后益增今昔之感，当宝而藏之。后学何灜题"。此作品见证了溥、张二人的交游和友谊。此外，馆藏还有溥儒与吴湖帆、张伯雨、淑绵等诸多画家的合作，此类作品对研究溥儒交游圈具有重要价值。

（四）溥伒

溥伒（1893—1966），字雪斋、学斋，曾用雪道人、乐山、松风主人等名号。书斋有怡清堂、邃园、净名庵、松风草堂等。惇亲王奕誴之孙、载瀛长子。光绪二十四年奉旨过继给孚郡王奕譓为孙，恩赏固山贝子爵。宣统二年（1910）任乾清门行走，翌年充备引大臣、前引大臣，辛亥革命后不再参政。溥伒幼年饱读诗书经史，能文善赋，长于书画。三十岁时协助陈垣创办辅仁大学美术专修科，任导师兼主任。1925年，与溥儒、溥僴等在北京组建"松风画会"。新中国成立后任北京市美协副主席、北京文史馆馆员。此外，他对古琴、古音律颇有研究，曾与张伯驹、管平湖等组建古琴会。

北京艺术博物馆藏有溥伒书画作品39套，其中书法8套、绘画31套，以山水、兰竹、鞍马数量最多。溥伒书法先学赵孟頫，后宗王羲之、李邕，中年后力追米芾，行草最佳，兼精楷体。"艺6766"溥伒行书七言对，"艺8143"溥伒书法、吴熙曾山水成扇，"艺23697"溥伒行书七言对等作品代表了其行草书面貌。"艺6766"内容集自唐张籍《秋山》及刘禹锡《吐绶鸟词》，上联署款"树帆先生大法家之属"，下联署款"雪斋溥伒"，后钤白文印"溥伒印章"、朱文印"怡清堂印"，是溥伒结社溪山后日常生活的真实写照。"艺8143"是溥伒与吴熙曾于1950年合绘的成扇，一面为吴熙曾绘茅屋篱院、丛林修竹、江面孤舟，左上题"庚寅七月，吴熙曾"，后钤朱文印"吴熙曾""俞渭渔印"；一面为溥伒书法，内容为"孙登一片铁，肃然解神奸。雷霄三尺桐，侧然靖淫烦。不伤知音少，我固不

能弹。囊击访差手，巢泛寻常闲。海水自万古，举世无成连。连连世亦有，耳又不辨焉。月从东溟来，照我苍松关。雪斋临帖。"后钤白文印"溥伒"。另一件"艺23697"内容集改自明邬骥《幽窗自咏》及宋张景修《石桥》，上联署款"复斋仁兄雅正"，下联署款"南石溥伒"，后钤白文印"溥伒长寿"、朱文印"山可一窗青"。从上述溥伒书法作品看，他已将晋唐宋元诸多名家特点有机融合，形成自身特点，更显飘逸俊美。

溥伒擅画兰草、人物、山水、鞍马，各具风采。其山水早年研习明代文征明、唐寅等。"艺3004"高人深隐图，画面群山绵延，茅屋篱院，老树虬曲，平湖垂柳。高士静坐其中，好似人间仙境。画面题"高人深隐漫藏修，占得东溪事事幽。相像练光施屋后，何殊鉴影晃源头。绿蒲匀绿纶竿晚，芳蓼分香石濑秋。风景宛然扬子宅，问奇休厌客频游。唐寅画，仿幼文墨法并诗"。画面钤"雪斋""怡清堂图书印""校理中秘书画"等印共十一枚。引首处有袁励准题"高人深隐图"，落款"雪斋主人正画，袁励准"。后钤白文印"励准之钵"、朱文印"恐高寒斋"。卷后有袁励准、陈浏偕、庄蕴宽、恽宝惠、载洵、溥儒、朱益藩、耆龄、宝熙、蒯寿枢等人跋文并钤印二十枚。卷外题签"邃园临唐子畏高人深隐图，珏生署款"。综合跋文可知，该作品为溥伒的临摹之作，原本是唐寅仿徐幼文的一件山水，画上数十位题跋者均为松风画会成员，或为他们雅集时所作。"艺5446"同样是溥伒临仿唐寅的一件山水人物手卷，其原本是唐寅临宋刘松年《玉川子烹茶图》。画面溪岸茅舍，苍松巨石，玉川子校书，赤脚妪烹茶，长须奴肩挑葫芦过小桥。落款"溥伒"，钤印七枚。卷后有署款唐寅的跋文一篇，钤印两枚。另有溥修、袁励准、溥僡三人跋文，钤印八枚（图五）。"艺5556"是溥伒临仿唐寅的山水册页，共十页。首页有行书题跋

图五 溥伒临《玉川子烹茶图》卷

"拔嶂悬泉隔尘世，层岩阁树倚云霄。赏心会有东嶙约，青晓来过独木桥。吴门唐寅"。钤印"松风草堂""雪斋居士"等共十一枚。全册多以平远构图、简淡笔墨绘景。或奇山峻石、茅屋隐隐，或松柏挺立，或江上泛舟等，空白背景给人凄凉婉约之感。这三件临仿唐寅的习作，是溥伒学画经历的重要实证。

溥伒花卉作品中，兰、竹是其喜画、善画、常画题材，随心几笔便将兰的静与清、竹的劲与节等特点表露无疑。"艺4622"绘坡石、幽兰、修竹，虽逸笔草草，却将竹趣、兰性表达充分。画面左上题"砥平仁兄雅正，雪斋溥伒"，后钤白文印"雪斋居士"。"艺5660"以书法用笔写墨兰，表露画家心如兰、素心自守的心态。"艺8330"是柄成扇，一面以行书题写唐杜甫五言诗《陪郑广文游何将军山林》，一面画水墨兰石，上题"乙丑伏月，雪斋写"。

溥伒擅长鞍马，源自家学。其父载瀛及弟弟溥僴、溥佺、溥佐都是画马高手。"艺5415"画秋天郊野景象，画面上红叶万点，层林尽染，溪水明澈。一白衣男子，胡帽长髯，熟控二马，马壮体健，信步于滩地，画上题"用龙眠笔意，雪斋溥伒写"。画家以准确、细劲线条勾勒人、马造型，并晕染出马的皮毛质感和明暗关系，画法精细，有宋人笔意。配景山水林木依近、中、远景层层推开，将马、人、景连成一体，给人富贵、旷达、神怡之感。"艺5450"画中溪岸青松挺立，碧草初生，白、红两匹骏马正欢快奔驰在春天的郊外。画上题"碧草春风沙苑路，浮深角壮恣游嬉。雪斋溥伒画"。两件作品表明，溥伒不仅谙熟宋李公麟、元代赵孟頫、任仁发等名家画马技法，也继承了清

宫郎世宁高度写实、注重以皴染表达明暗的西法。笔下的马融合中西，体貌结构和运动规律更为写实、科学，且富有神韵。

（五）溥僴

溥僴（1901—1966），字毅斋，号松邻，溥伒五弟，袭固山贝子爵。溥僴自幼受父兄熏陶，勤习书画，十六岁时作画已身手不凡，擅绘花鸟、山水，尤以工笔花鸟见长。1925年与溥儒、溥伒、溥佺、关松房等人组建"松风画会"，后以鬻画为业，新中国成立后任北京画院画师。北京艺术博物馆藏有溥僴绘画作品12套，以鞍马、花鸟最为传神。"艺8204"溥僴人马、溥儒书法成扇，一面为溥僴绘人马图。画面左上方题"太液池边新浴罢，未央门外午牵来。若教立仗丹墀下，恐负平生泛驾才。拟龙眠山人笔。毅道人溥僴写"。另面为溥儒行书五言诗。从溥僴所绘人马图看，造型准确生动，笔法洗练，强调写实能力，融合了李公麟、郎世宁面貌。这种风格也体现在其花鸟画中，"艺5467"溥僴苍松八哥图轴，画面上苍松挺拔，两只八哥停于树梢，俯仰有情，姿态生动，悠然闲适（图六）。八哥和松树的画法明显传承了郎世宁的风格，注重明暗，用色讲究，不用宿墨，风格清新俊朗。

溥僴还钟爱花蝶。"艺8088"溥僴花蝶、许宝蘅书法成扇是1947年为公藩先生所绘，一面为水墨菊蝶，画面题"黄中虽正色，洁白间芳心。折得无人把，何如晚径深。拟赵昌笔意，毅斋溥僴写"。另面为许宝蘅行书题诗。"艺8254"溥僴等花蝶、兆奎等书法成扇，是溥伒、溥僴、关和镛、溥佔、许宝蘅、严家干、傅岳芬、兆奎等诸家共绘之作。一面画蝶石花卉，画面上有四段题跋。题一为"松风溥伒写

图六 溥僩苍松八哥图轴

石"，题二为"松邻溥僩补蝶"，题三为"松云和镛画丹桂秋棠"，题四为"醉上淮山唤八公，白鸾骑到广寒宫。满身香露铢衣湿，十二瑶台月正中，录明人诗，题松风画友合作小景，西园"。此作除溥僩所补蝴蝶外，集合了松风画会多名会员笔迹，集工笔、写意、白描等多种技法于一体，繁而不乱，工整精细，设色艳丽。另一面为许宝蘅、严家干、傅岳芬、兆奎等名家书法。

（六）溥侗

溥侗（1877—1952），字后斋、厚斋，号西园、红豆馆主。成亲王永瑆后人、多罗贝勒载治第五子，封一等镇国将军，京城人时称"侗五爷"。他自幼在上书房读书，精于文学、辞章、音律、剧艺、鉴藏，是民国著名鉴藏家、书画家、篆刻家、戏剧教育家、社会活动家，

与张学良、张伯驹、袁克文时称"民国四公子"。馆藏溥侗书画作品2件。"艺26229"溥侗、刘笃共绘松竹轴，是溥侗和其夫人刘笃1942年为恭贺众议院院长花甲寿诞的共绘作品（图七）。画面上苍松虬曲，松针浓密细腻。一丛绿竹伴松斜出，潇洒幽致。画面右侧题"种竹先生又种松，松长岁月亦无穷。大夫君子原同德，引鹤招鸾作寿翁"。落款"壬午辜月命簹室刘笃画松，余画竹，共写白石翁诗意以祝众异院长先生华甲荣庆。溥侗"。后钤朱文印"溥侗之印""湖边村舍"，白文印"西园"。另钤朱文印"万女史""多种竹石杞菊以资画趣"。

图七 溥侗等共绘松竹轴

溥伒书法兼习多家，早年对晋唐书法着力尤深。"艺7947"溥伒书法册是溥伒早年临帖习作。帖中依次有"右张芝二则""右东武亭侯书""右率更二札"等署款，可知溥伒依次临习了张芝行草书《二月八日帖》、章草书《秋凉平善帖》，钟繇楷书《还示表》，唐褚遂良行书《家姪至承册》，欧阳询行书《足下帖》《比年帖》《脚气帖》。落款为"子珩大兄世大人属正，西园弟溥伒临帖。"反映了他师法广泛。

（七）溥伒

溥伒（1913—1991），字松窗，笔名雪溪、尧仙、健斋。溥伒六弟，1915年过继给载津为嗣。在父兄影响下，溥伒自幼习画，二十余岁加入"松风画会"，后又参加"湖社"。1936年后在辅仁大学美术系、国立艺专和北京大学任教。书法擅行草，刚劲流畅。绘画以山水、竹、马见长，风格雅致、清远豪迈，著有《画竹画法》等。新中国成立后任北京画院画师、中央文史馆馆员。北京艺术博物馆藏溥伒书画10件，主要是山水、鞍马、花蝶三种题材。

"艺4154"溥伒山水轴、"艺4275"溥伒山水横幅、"艺5448"溥伒山水轴三幅山水主要学宋元笔法。"艺4154"画面山峦叠嶂、茅亭草舍、树叶零落，一文士策杖驻足于山径小道，静观山石瀑布，潺潺溪流，颇显悠然闲情。"艺4275"乃溥伒1939年为砥平所绘。画中群山环抱，苍松草舍，有老者策杖行于道中。溪水蜿蜒曲折、环抱山脚流淌，增添节奏和韵律（图八）。画面题"乙卯立夏，砥平二兄雅教。弟溥伒学画"。"艺5448"是溥伒1941年所画。画面上群山绵延，云雾缭绕，楼阁屋舍隐现。近处坡石丛林，烟波浩渺，景色清新幽雅。画左上题"辛巳七月用倪云林笔"。落款"雪溪溥伒写"。

溥伒鞍马源于家学，大体师法郎世宁一脉。"艺4205"溥伒双骏图轴是1938年所画。画面上双骏生动，强健有力，顾盼有情，充满生命活力。左上题"清高深稳。砥平二兄教正。戊寅秋日用松雪道人笔法。尧仙居士溥伒。"钤白文印"溥伒长寿"、朱文印"尧仙"。右下钤白文方印"镇国将军溥伒一字松窗居士书画之印"。

"艺8140"溥伒花蝶成扇，是溥伒与桂笙的合绘之作，画面以没骨法绘花蝶，造型准确生动，设色清雅，上题"大兄命画蝶。妹桂笙"。钤朱文印"桂笙"。"大兄大人教正。弟伒补图"。钤白文印"松窗"。由题款可知蝶乃桂笙所画，月季、山石为溥伒所绘。画面淡墨皴染，局部勾勒并施以淡彩，继承了宋代赵昌写生花卉的传统。

（八）溥佐

溥佐（1918—2001），字庸斋，号松堪、松龛，溥伒八弟。自幼得父兄教授书画，擅长鞍马、花鸟和北派山水，画马得郎世宁法。青少年时加入"松风画会"，自此在书画领域笔耕不辍。新中国成立后参加中国画研究会，20世纪60年代调入天津美术学院任教，曾任全国政协委员、天津市民委副主任、天津工业大学美术学院名誉院长，有《溥佐画集》等行世。

馆藏溥佐鞍马、山水、花鸟作品共5件。其鞍马注重写生，曾专程赴内蒙古等地观察马匹体貌神态，研习画马之法。

图八 溥伒山水横幅

图九 溥佐山水八骏图横幅

"艺4298""艺5468"两件作品可以窥视溥佐画马面貌。"艺4298"溥佐马镜心，一改通常画马侧面的传统，着力描绘马的背部。整体上采用线描的表现方式，同时借鉴西方科学透视原理，造型准确。"艺5468"溥佐山水八骏图横幅绘于1941年。画面上湖水平静，湖边细草轻沙，杨柳低垂，八匹毛色各异的骏马或在水中悠闲沐浴、或饮水、或岸边闲适、或欲出水上岸、或试探下水，俯仰向背，俱臻所妙，一片盛夏消凉之景（图九）。全画用笔精细，形象逼真，彰显一种淡雅、平和之气。画上题"辛巳立冬日仿李龙眠用笔。庸斋溥佐"。值得关注的是画上一段题跋："古人画马如画竹，贵在萧萧去凡骨。骨欲权奇尾欲轻，不用丰鬃与多肉。当时精妙称曹霸，人与骅骝意俱化。信笔为之自有神，忘却龙媒是图画。甲申年润月。庸道人再题。"表达了画家的画马感悟及艺术观点。

除鞍马外，溥佐还擅长花鸟和北派山水。其花鸟师法宋人，注重写实。"艺4990"溥佐花鸟片，画云雀停于梅枝之上，刻画谨严，兼工带写，上题"师宋人画意，庸斋溥佐"。"艺5126"溥佐山水页，绘于1938年。页一画重峦高耸，山下溪流潺潺，翠竹茅庐。近处一老者正策杖前行。上题"拟宋人笔，溥佐"。页二与页一构图相似，远处山谷流瀑，茂林楼阁。前景一老者策杖行于木桥之上。上题"戊寅夏日傅岩溥佐"，后钤印白文"溥佐"。

二、启功与叶喆民

启功与叶喆民都是清代皇亲国戚的后裔。启功是和亲王弘昼后嗣，叶喆民为叶赫纳兰氏后裔，二人都是中国当代著名文物鉴赏家、学者、书画家，又都曾拜入北京"四大书家"之一罗复堪门下研习书画多年，在书画方面各有所长，各具风采。

启功书法各体皆能，早期作画颇勤，山水、竹石、花卉皆精，清致高雅，意趣生动。后师从戴姜福、贾尔鲁、吴熙曾和陈垣等教授，醉心古典文学、古文字研究。叶喆民自幼继承家学，从父亲叶麟趾、叔父叶麟祥研习古陶瓷，后又得陈万里、孙瀛洲等名师指导，始终耕耘在古陶瓷研究领域，卓有建树，其书画特长为古陶瓷成就所掩盖。在书法上，他专攻章草，十六岁即师从罗复堪学习书法长达十五年，后又拜溥儒、徐悲鸿等名家学习绘画，临池不辍。其章草法度井然，为沈从文、唐兰等先生所称赞。

（一）启功

启功（1912—2005），字符伯、元伯、元白，号松壑。和亲王弘昼后嗣、恒敬之子。二十一岁在辅仁大学任教，1949年后任北京师范大学教授、故宫博物院顾问、国家文物鉴定委员会主任委员、中国书协主席、中国佛协常务理事等。启功自幼学书，精研历代碑帖名迹，兼收博取，各体兼能，尤其擅长楷书、行草。此外文史研究亦取得诸多成果，著有《古代字体论稿》《诗文声律论稿》《启功丛稿》

《论书绝句百首》《启功书画留影册》《书法概论》等，以及多种书法选集。

馆藏启功书画作品7件，分别为山水、兰竹、红梅、书法。其兰竹、红梅多仿明代姚绶法，体现在"艺3260"启功竹兰片、"艺3334"启功兰竹条、"艺8369"启功红梅、秦仲文书法成扇等作品中。"艺3260"是启功1942年所绘，以水墨写意法绘坡石兰竹，一丛摇曳的嫩竹，一簇新生的兰草，相映出勃勃生机。画面右上题"戏仿姚丹丘法。时壬午仲春。元白"。"艺3334"是启功1946年所绘，以淡墨写坡石兰竹，兰竹摇曳多姿，呈现旺盛的生命活力。画面左上题"拟松雪翁遗言。丙戌首夏伯琦学友雅属。元白启功写"。"艺8369"是启功于1954年所绘红梅，以没骨法为之。上题"和孙先生得仲文书扇，属为补图即希正谬。启功"。

馆藏启功山水均为启功20世纪40年代作品，大体是董源、米氏父子一路。"艺3341"启功山水条、"艺4400"启功山水片、"艺4638"启功山水轴、"艺8185"启功山水书法成扇都体现出南宗山水特点。"艺3341"是启功1932年所绘。画面上巨峰高耸，古树参天，茅屋空寂，笔墨清淡疏散（图十）。左上题"壬申春日。戏拟宋人法。镇铎先生雅属即正。启功"。"艺4400"是1945年所绘，画面上远山高耸，溪流潺潺，屋舍隐现，树叶凋零。一策杖行者正欲过桥访友。右上题"南山与秋色，气势两争嵯。闲者解其纷，君今已闲未。己酉春日。元白启功写"。"艺4638"是1948年所绘青绿山水，画面上云绕群山，竹林茅舍，平湖汀草，渔人正欲撑舟离岸。左上题"虎儿五洲烟雨图真迹不可得而见矣，从耕烟临本中想其风采，仍是北苑使衣钵也。戊子秋月。启功"。

（二）叶喆民

叶喆民（1924—2018），字丹枫，叶赫纳兰氏后裔。1943年毕业于北京大学文学院。二十世纪六七十年代在北京故宫博物院从事古陶瓷研究，兼及书画。1979年任教于中央工艺美术学院陶瓷系，后调至工艺美术史论系（今清华大学美术学院艺术史论系）。他自幼继承家学，从父亲叶麟趾、叔父叶麟祥研习古陶瓷，后又师从陈万里、孙瀛洲等学者考察各地窑址，并参与各大博物馆陶瓷鉴定。1985年，叶喆民首次提出"宝丰清凉寺是寻觅汝窑窑址的有力线索"[②]，1986年应日本古陶瓷学家三上次男邀请赴日讲述汝窑相关问题，引起国内外学者广泛关注，为发现并确认汝窑窑址作出重要贡献。

叶喆民也是著名书法家、书法史论

图十 启功山水条

家。他先后从罗复堪、溥心畬、徐悲鸿学习书画。其书法造诣精深，章草尤具法度。绘画喜画古松、马、鸭等题材。2018年，其家属向北京艺术博物馆捐赠了五件叶喆民书法作品。

叶喆民临王铎草书唐诗卷，是其1957年临习清初王铎的草书作品，内容依次为唐岑参《寄杜拾遗诗》，王维《送刘司直赴安西》《过香积寺》，杜甫《秦州杂诗二十首之十九》《禹庙》《春宿左省》《洞房》《骊山》，王维《终南山》。落款"王铎。有客曰，此怀素家法也，则勿许观，同张观"。此作品长近十米，一气呵成，体现了叶喆民深厚的草书功力。此外还有草书王维《送刘司直赴安西》诗横幅，1993年书唐韩翃《寒食》诗轴（图十一）。从这些作品中能看出清初王铎、傅山的影响。叶喆民皇室贵族出身，受传统忠君和礼教思想影响颇深，对归顺清王朝的书家王铎极为赞赏，这也是他钟爱王铎书法的原因之一。

此外，其章草书受罗复堪影响更多，叶喆民书杜甫诗《春夜喜雨》就是标准的章草书体，与罗复堪的章草书风极为相似。

三、结语

民国以后，清代皇家审美趣味对时代艺术的影响仍在，其特殊的文化类型、艺术历史、创作特色并没有随着清政府的垮台而消亡。从一开始对变革社会的抵制，到族人雅集，再到以保存国粹为时代己任的抱负，清皇室后裔的优秀分子们逐渐全面参与到变革社会的书画教育中去，通过书谱、画谱、书画作品等传播媒介，向全社会传播着最传统，甚至是保守的艺术理念和技法。溥氏昆仲的山水、人物、鞍马作品宗法古代传统，尤其是将清宫院体书画艺术特点继承下来、传播开来。最终影响了时代审美和艺术风尚，为文人、市井大众所效仿，在民国书画史上具有一定的

图十一 叶喆民书韩翃《寒食》诗轴

贡献和地位。因此，学习清代皇室后裔的书画艺术对我们了解晚清民国时代变革时期的审美亦具有重要意义。

---

①李剑农：《戊戌以后三十年中国政治史》，中华书局，1980年，第138页。

②叶喆民：《钧汝二窑摭遗》，中国古陶瓷研究年会论文，1985年。

（作者单位：北京艺术博物馆）

北京艺术博物馆藏瓷绘文士图研究

李 晔

人物，是最为古老的绘画题材之一，新石器时代马家窑文化已有绘画在陶盆上的舞蹈人物图像。瓷器上的人物图，以人物形象和活动为装饰题材，表现技法主要包括刻划、贴塑和彩绘等，其中以彩绘最为重要。唐中晚期，瓷器上开始出现彩绘人物图，例如巩义窑青花婴戏图塔式盖罐、长沙窑青釉褐绿彩仕女图扑满残片。金元时期，以磁州窑白地黑花和景德镇青花为代表的彩绘瓷成为流行的瓷器品类，其中典出小说戏曲的瓷绘人物故事图，成为绘画难度最大和艺术水准最高的一类。由于政令和原料方面的原因，明早期少见瓷绘人物图。从明中后期开始，随着禁令的废弛、商业的繁荣和城市的发展，人物故事图再度复兴。至清康、雍、乾三代达到技术和艺术的顶峰，直到清末都是最为重要的瓷绘题材之一。民国时期，人物图被瓷绘名家王琦、王大凡、王步等人看重，佳作频出，成为超越一般工艺美术装饰的瓷上绘画艺术。

本文标题和器物命名采用"人物图"，而非"人物纹"，是因为北京艺术博物馆藏瓷器上的人物图像多用软笔绘画，是一种瓷器上的人物画。据《新华字典》解释：图是"用绘画表现出来的形象"，纹是"以彩色线条刻画在物体表面"。因此，用"图"命名更加准确。本文研究对象以馆藏明清时期景德镇彩绘瓷器为主，包括青花、五彩、粉彩、青花五彩、青花粉彩、青花釉里红等不同品类上的人物图像。研究目的是识读一批未能确定题材的馆藏瓷绘人物图，细读深挖已知

题材的藏品内涵，建立一个切合实际的馆藏人物图像分类体系。在具体的研究步骤和方法上，首先对馆藏品进行梳理和初步分类；其次对于某类题材进行简要论述；再次对于馆藏品图像进行细读、描述；又次采用器物、文献和图像相互验证的方式对于瓷绘人物图进行识别和解读；最后是整体的总结和分析。

文人，是中国古代接受过儒家教育之人。唐中后期开始至明清时期，随着科举制的发展完备，文人逐渐成为中国古代社会的中坚阶层。文士图，是以文人、文官形象及其社交、生活、文娱活动为表现内容的绘画题材。瓷器上的文人图像最早流行于元代，以磁州窑白地黑花和景德镇青花为代表。馆藏瓷器上的文士图可分为四类：名士/高士图，表现雅集、小聚文娱、访友等社交活动图像，日常生活图，官禄寓意图；年代为明、清、民国，品种有青花、五彩、粉彩、青花釉里红等。

一、名士 / 高士图

名士、高士是具备大德高才的文人。二者区别在于，名士为天下所知且史书留名；高士则远离仕途，隐居林泉，超然世外。文人常因科举坎坷，仕进无门；或因朝政跌宕，权力倾轧，以退为隐，独善其身，名士、高士的身份也因此可以发生转变。名士、高士图，是以名士、高士形象为题材的绘画作品，内容多为他们最具代表性的外貌特征、个人爱好或者品行事迹，观者可一目了然。馆藏瓷器上的

名士/高士图主要包括四爱图、太白醉酒图、米芾拜石图、夜游赤壁图等。

（一）四爱图

"四爱"指王羲之爱兰、鹅，陶渊明爱菊，周敦颐爱莲，林和靖爱梅、鹤。四人以高洁的品行名垂青史，作为其身份标志物的兰、鹅、菊、莲、梅、鹤也具有很高的辨识度，成为文人钟爱的绘画和工艺美术装饰题材。瓷器上的四爱图最早见于元代，名品如湖北省博物馆藏元青花四爱图梅瓶，2006年钟祥市郢靖王墓出土，器物腹部四个菱形开光内分别绘王羲之爱兰、陶渊明爱菊、周敦颐爱莲、林和靖爱梅鹤四幅图画，集"四爱"于一器。明代存世的四爱图瓷器名品有故宫博物院藏成化淡描青花加彩高士图杯，绘爱菊与爱莲图；首都博物馆藏明万历五彩人物故事纹盆，绘爱鹅与爱鹤图。

馆藏四爱图瓷器为明清至民国时期青花、五彩、粉彩制品。

馆藏清康熙青花爱莲图笔筒（图一）。青花绘画装饰，通景构图，绘画方式以勾线平涂为主，线条流畅，蓝色分浓淡、深浅，色调富于变化。人物置身庭院之中，假山、庭石、栏杆、花草、树木，散点分布，错落有致。画面的主角为一年轻文生，素净白面，眉清目秀；带巾束发，身着交领长衫，宽袍大袖；跌坐石床之上，右手点指几上一大盆荷花，面露微笑。文生身后的书童梳双髻，身着短衣长裤，眉眼含笑，回首张望，手捧一套官服。文生面前的书童，梳单髻，弓背、弯腰、屈膝，双手捧托盘，上置酒壶酒杯，向主人敬酒。读图至此，可对画意作出两种解读：一是文生科举得中，即将入朝为官，点指莲花，立志为官清廉；二是面对莲花，背对官服，说明其爱莲不爱官。无论何种解释，都与"爱莲"的画意不相冲突。

馆藏清康熙五彩爱鹤图花觚。五彩绘画装饰，通景构图，黑彩勾线，设色以褐、绿为主，红色点缀，各色有深浅之分，匀净素雅。人物置身于庭院之中，绘有芭蕉、洞石，画面上部绘有红日、云

图一 清康熙青花爱莲图笔筒

气、高山，代表远景；描绘好天气衬托好心情、好运势。主角为一年轻文士，素净脸庞，眉目清秀，微微含笑；头戴软脚幞头，身着褐色圆领袍衫，腰系绿带，配以红色的领、缘和手中的如意，醒目提气。身旁的丹顶鹤，抬腿前行，回望向文士。文人与仙鹤的组合多被解读为林和靖爱鹤，或赵抃一琴一鹤只身入蜀。此件瓷器的画面题材还具有明显的官禄寓意：鹤是明清时期一品文官的补服纹样，加上人物手中的如意，具有一品当朝、万事如意的吉祥寓意。

清青花爱鹅图瓶。画面山林之中，一老者席地而坐，斜倚山石，正在入神地观看一童子捉鹅，裤膝两块补丁。民国时期的彩绘精品，多由画家执笔，而非明清时期的工匠所为，具有海派绘画风格和时代特征。民国粉彩渊明爱菊图瓶以粉彩绘画装饰，通景构图。画面中长者慈眉善目，髭须花白，体貌富态；戴黑色高巾，衣着华丽，富家翁派头；左手挂杖，右手执大朵淡雅的黄色菊花，且头簪菊花一朵，回首望向身后侍童。童子手指地上一朵被遗弃的艳丽红色牡丹花，似在询问老者为

何选菊花而弃牡丹。身前小童则端托盘，上有一壶一杯，一旁观看。榜题"渊明爱菊"。底有红彩楷书"洪宪御制"四字方框款。

（二）太白醉酒图

"诗仙"李白喜爱饮酒，许多流传千古的名品佳作创作于醉饮之时。杜甫诗赞："李白斗酒诗百篇。"在绘画和工艺美术造型、装饰题材中多有"太白醉酒"。艺博馆藏瓷器上的太白醉酒图有青花和粉彩两种类型。

馆藏清雍正粉彩太白醉酒图杯。内底粉彩装饰，设色对比鲜明，格调明快，外底书"大清雍正年制"青花方框六字楷书款。画面中，一官员面庞圆润，细眉长目，三缕髭须；头戴软脚幞头，身着青色圆领袍衫，腰系革带，足蹬朝靴。他闭眼含笑，步态不稳，由小童搀扶，醉态明显。酒杯绘太白醉酒图，与器物功能吻合。此外，还有馆藏粉彩太白醉酒题诗图杯，唐明皇位于画面上部，戴王冠，穿圆领紫袍，背靠屏风，坐于椅上，身体前倾，端详李白作诗。李白将幞头放在左边矮凳之上，左手持纸，右手悬腕提笔，正欲下笔创作；旁边高力士身着绿色袍衫，双手抻纸，一旁侍奉，二人中间矮凳上有一方砚台。馆藏清同治粉彩太白醉酒图提梁壶上的太白醉酒图像与前二者明显不同：李白斜倚软枕，头戴幞头，身着青色圆领袍衫，身前放置一带杓酒樽，一童子捧杯敬酒。此图像粉本是《无双谱》中李白绣像[①]。

（三）米芾拜石图

宋代文人米芾痴迷收藏奇石，传说曾对衙署内奇石跪地参拜，行为乖张。馆藏清雍正粉彩杯（图二），外壁粉彩绘画，外底书"人清雍正年制"青花双圈六字楷书款。画面中一男子圆脸庞、直鼻梁，细眉弯眼，短髭长髯，人物面部浅施粉彩，不同于康熙时期人物面部留白的绘画方式，这是粉彩工艺成熟之后新出现的瓷绘人物表现技法；戴幞头，穿红色对襟

图二 清雍正粉彩米芾拜石图杯

袍衫，浅紫裙，青色裤，宽袍大袖，一派名士风范。他面带微笑，礼貌庄重，弯腰拱手，正在参拜一块山岩。身后蓝衣童子执扇，青衣童子抱琴，跟随侍奉，二人对面相视一笑。这一图像正是对于"米芾拜石"传说的生动表现。

（四）夜游赤壁图

《赤壁赋》为北宋大文豪苏东坡被贬黄州时所作，描写苏轼与好友乘舟夜游赤壁的情景。馆藏清乾隆青花夜游赤壁图提梁壶，壶身一侧青花绘画装饰，另一侧有赞美舟游赤壁的题诗。画面共绘四人，除船夫之外，另有三人坐于篷船之中，正中一人头戴高装巾（又称"东坡巾"），体貌富态，髭髯浓密，且与《赤壁赋》中"苏子愀然，正襟危坐"的描述相符；另有一僧、一儒左右落座；加上江水、岩壁、舟船等元素，确知画题典出《赤壁赋》。

二、文人社交图

魏晋以降至宋元明清时期，文人"隐逸"内涵发生了变化：上古时期的寄身岩栖、高蹈绝世，逐渐为"大隐隐于朝、中隐隐于市、小隐隐于野"所替代。他们建园幽居，在城市山林中既能享受诸多生活便利，又远离政坛喧嚣，通过著书立说、文会雅集、调琴吟月、莳花品茗、鉴古赏画等社交活动怡悦性情、高自标榜。由此，产生了大量描绘这种高雅、精致生活的作品，如《兰亭修禊》《会昌九老》《西园雅集》等，成

为绘画史上历久不衰的经典画题。馆藏瓷器上的文人社交图像包括雅集图、小聚文娱图、访友行旅图等。

（一）雅集图

众多文人进行高雅文化娱乐活动的集会称为雅集。瓷绘雅集图，多描绘琴棋书画四种文人钟爱的高雅余兴活动；所绘文人数量多为十八，又称"十八学士图"，是明清时期景德镇窑彩绘瓷上的流行图案。

馆藏明嘉靖红绿彩雅集图盖罐（图三），器腹红绿彩绘装饰，通景式构图；采用勾线平涂绘画技法，线条工谨、流畅，设色以红绿彩为主，少量黄彩作为点缀。画面描述十八位文人在庭院雅集的图景。按照文娱活动的不同，可分为琴、棋、书、画四组人物。画中官员形象类似，多是脸庞圆润，眉目清秀，鼻梁挺直，区别在于年轻者素面无须，年长者多为三缕长髯；穿着方面，多戴软脚幞头或高装巾子，穿圆领方补袍衫，腰系玉带，足蹬官靴。童子多为垂髫发型，短衫长裤，跪地侍奉。

琴：画面上部绘有一容貌清癯的长者，端坐椅上，背靠屏风，凝神抚琴。对面一位年轻文人，恭敬坐于绣墩之上，专心听琴。二人右边石桌上摆放太湖石供人欣赏，左边系两匹高头骏马。画面左下有二位文人交谈，右下童子双膝跪地向官员敬献果盘，附近还有两只仙鹤交颈啄羽。棋：在一处宽阔的平台之上，二位文士对弈，童子双膝跪地，双手捧盘，奉上两盏清茶。二人背后素白屏风后面有一桌案，上面摆放两个盖罐。台阶下二位文人正在交谈，一小童近前禀报；另侧绘有一块巨大洞石、芭蕉和一匹配鞍骏马。书：三位文人围桌读书；画面左下一童子笼袖垂手一旁侍立，右侧一童子跪地捧盆，侍奉官员盥手，近旁另有二人交谈。画：一童子撑杆展画，背后还有一只白鹿。画轴前方三人正在品鉴，后面一门内，一文人笼袖拱手。

馆藏清康熙五彩雅集图瓷砖（图

图三 明嘉靖红绿彩雅集图盖罐

图四 清康熙五彩雅集图瓷砖

四），画面为十八学士雅集场景，分抚琴、品画、谈书、对弈四组人物，人数众多，布局合理。按照人物形象的不同，可分为四类：一是老者，方面细目，短髭长髯，慈眉善目，头戴巾子，身穿长袍；二是中年儒生，面庞圆润，五官端正，戴幞头，穿圆领袍衫，仪表堂堂；三是年轻文士，素净圆脸，眉目清秀，服饰与中年儒生相似，有的手持折扇，显得倜傥潇洒；四是书童，短衣打扮，奉茶、撑画，一旁侍奉，显得精明干练。画中人物均面带微笑，神情愉悦。绘画技艺高超，线条流畅，设色丰富，袍衫有绿、蓝、紫、黄四色，幞头多为黑色。冷暖设色对比鲜明，相同颜色又有深浅之分，相得益彰，给人以古雅明快的视觉感受。人物所处场景有翠柏修竹，绿地如茵，也有石桌、绣墩，说明此处在园林之中，而非山野。同类题材馆藏品还有清康熙青花雅集图碗，描绘的也是十八学士琴棋书画雅集图。

馆藏品中还有表现"竹林七贤"的图像。民国粉彩竹林七贤图灯笼瓶，墨彩竹林之中，三位儒士正在会棋，二人对弈，一人观棋；另有二人读书，二人抱琴，捧画。外底书红彩方款四字篆书"彤云山房"。

（二）小聚文娱图

在现实生活中，大型的文人雅集并不常见，更多时候是文人独处，或者三五知己访友聚会。文娱活动除琴棋书画之外，还有饮酒品茗，闲坐清谈。

馆藏明崇祯青花五老图罐（图五），腹部绘五老图，通景式构图，勾线平涂，青花发色蓝中略带灰色。溪水潺潺，柳荫之下，四位老者围坐桌案，两人对弈，两人观棋。四人皆是高额长眉，束发戴巾，身着宽大的交领袍衫，神情淡然，仙风道骨。不远处云气缭绕，艳阳高照，莺歌燕语，一位老者持仗缓行，前有梅花鹿回首顾盼，后有童子携琴搀扶。底书伪托青花"大明嘉靖年制"六字双行双圈楷书竖

图五 明崇祯青花五老图罐

图六 清康熙青对饮图水盂

款。另有馆藏明青花对弈观画图罐，腹部绘对弈、观画图，通景构图，勾线平涂，青花发色灰蓝。在绘有挺拔老松、缭绕云气、栏杆洞石的庭院中，四位老者围坐方桌，二老对弈，二老观棋。另外一组画面中，三老共赏悬挂于树枝上的一幅画卷。此外还有童子近旁侍奉，一人背画，一人携琴，正在闲谈。

两人对饮、闲谈，是更为私密的文人社交活动。馆藏清康熙青对饮图水盂（图六），外壁青花绘画，通景构图。画面描绘的场景是园林之中，有栏杆、山石、树木、艳阳、流云。一年轻儒生，戴幞头，穿袍衫；一中年人，髭须飘然，束发包巾，穿交领长衫，斜倚山石。二人席地而坐，对面饮酒，地上摆酒壶酒杯，年轻人持酒杯，杯底朝下，表示先干为敬。儒生身后是两个书童，短衣长裤，一人捧琴，一人捧酒樽，身后桌案上还备酒三樽，说明二人要不醉不归。馆藏清雍正粉彩清谈图杯，杯内底粉彩绘画装饰：一儒士坐于凳上，双手合十，正在向坐于床上的高僧讨教，旁边有带构酒樽。外底书"大清雍正年制"青花方框六字楷书款。馆藏清乾隆粉彩清谈图碗，碗内壁粉彩绘画装饰：厅堂之上，儒僧饮茶清谈，桌上一盘清供佛手；门外还有一仕女偷听偷学。外底书"大清乾隆年制"青花六字篆书款。

（三）访友行旅图

无论雅集或是小聚，必定有旅途的奔赴；在绘画作品中，多表现为携琴访友。

文人钟爱携琴访友图像，不仅因为弹琴、听琴是高雅的余兴活动，更因为琴代表了知音，是中国古代真挚友情的代表。

馆藏明天顺青花携琴访友图罐（图七），青花绘画装饰，通景式构图。画面分为两部分，一为携琴访友，一为阁楼人物，二者存在呼应关系，前者是客在旅途，后者是主人翘首盼望友人到来。在携琴访友图中，共绘三位骑马文人，形象类似：面庞圆润，五官端正，短髭长髯，神情庄重，戴软脚幞头，着圆领袍衫，腰间束带，胯下一匹高头骏马，缰绳、马鞍、马镫等马具都有较为写实的描绘；两个携琴小童，马下奔走。此外，绘大朵连片的绞索云、老柳、绿草，一派山野旅途景象。在二层阁楼之上，一位文人正在远眺，近旁一位小童手指楼下，似在禀报友人将至。此画作以毛笔蘸钴蓝彩料，以瓷代纸，在胎体直接绘画，线条遒劲有力，画工深厚。馆藏明崇祯青花山水人物纹笔筒，外壁绘行旅图。一年轻官员戴幞头，穿圆领袍衫，腰系玉带，骑高头骏马，意气风发；鞭指向前方，回望步行书童，似在催促。髫发书童担挑书籍、琴剑，身后绘有台阶白墙，说明主仆二人刚出家门。

图八 清康熙青花送别图瓶

馆藏清雍正墨彩山水行旅图斗杯，墨彩绘画山水、人物，写意潇洒，颇有文人画趣味。一面绘老者，戴葛巾，穿袍衫，面庞圆润，鼻直口阔，三缕长髯，骑驴赶路，仆人扛伞跟从。主人回首，执鞭指点仆人，似在催促；仆人停驻，弓背弯腰，手指双腿，面露难色，似在祈求休憩片刻。另面绘年轻书生，戴幞头，穿圆领袍衫，腰间系带，斜倚老柳，神情悠闲，与正在休憩吃草的马儿对视，画意诙谐。

（四）送别图

馆藏清康熙青花送别图瓶（图八），青花绘画，通景构图。人物分为两组：一年轻官员，素白净面，眉清目秀，戴软脚幞头，穿圆领袍衫，腰系玉带，脚蹬官靴，骑高头骏马，回首顾盼，面带微笑，依依不舍。跟从的童子三人，执扇、携琴，担挑酒瓶与食盒。画面上部绘云气和楼宇屋脊，表现远景的高楼广厦。他们回首顾盼的美人位于阁楼之上，容貌秀美，披帛穿裙，凭栏眺望，旁边一侍女正在卷起竹帘。阁楼前一棵柳树，老干嫩枝，摇曳柔美，旁边杏花点点，既表明时节，

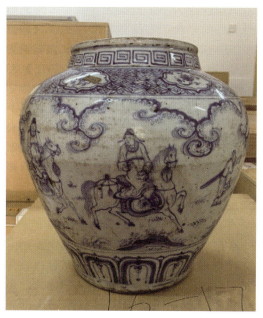

图七 明天顺青花携琴访友图罐

又增添了温柔风流的画意。阁楼后绘从天到地的"之"字形祥云，云后留白处榜题"金勒马蹄芳草地，玉楼人醉杏花天"。外底书"大明成化年制"青花六字楷书伪托款。

三、燕居图

文人家中闲居，称为"燕居"。《礼记·仲尼燕居》："仲尼燕居，子张、子贡、言游侍。"郑玄注："退朝而处曰燕居。"②瓷绘燕居图，主要表现文人独处或与家人相处时的情景。

馆藏明嘉靖青花开光人物图罐（图九），外底书"大明嘉靖年制"青花六字楷书款。罐外壁青花绘画装饰，四个开光内绘文人生活场景，其中一幅为庭院燕居图。画面之中云气缭绕、老柳垂荫、洞石芭蕉、奇花异草、池塘栏杆，构成一幅风光秀美的庭院风景图。一位文士戴高装巾子，着宽大交领长衫，手持羽扇，坐于榻上，背靠山水图屏风，斜倚软枕，正悠闲自在地观看小童游戏，两个仆童近前侍奉。

馆藏明崇祯青花夫妻图笔筒，通景构图，两组人物。一面描绘风和日丽的柔美自然风光：天有艳日祥云，地下树木丰茂，绿草如茵，水纹绵缓。两个年轻男子，白净素面，眉眼清秀；一人戴冠，扛锄头，一人包巾，提花篮，身着宽袍大袖

图九 明嘉靖青花开光人物图罐

长衫。在小桥边交谈。另一面描绘庭院景致，两位优雅的仕女正在对弈，似在等待男子归来。馆藏清康熙青花文士图杯，画面庭院内，夫妻二人对坐闲谈，仆童一旁侍奉。馆藏清雍正斗彩文士图碗，外壁斗彩绘画装饰，绘红日、祥云、垂柳、栏杆，表现庭院场景。一人、一杯、一小几、斜倚大青石做桌，观赏盆花，悠闲自得。一小童正在照看茶炉，煮茶侍奉。外底书"大明成化年制"青花六字楷书伪托款。此为雍正官窑仿成化作品。

四、官禄寓意图

明清时期，文人读书为的是参加科考、入仕为官，大量具有官禄寓意的瓷绘图像非常流行。

馆藏明嘉靖青花指日高升图瓷板（图十），青花绘画装饰，勾线平涂。松树之下，四位老者身着交领长衫，宽袍大袖，一老者抬手指日，寓意指日高升。在瓷器绘画作品中，四位老者齐聚的题材多被附会为"商山四皓"③。馆藏明万历青花人物图盘，内底青花绘画装饰，勾线平涂，画工精细。江边一位年轻武士，素白净面，戴幞头，穿袍衫，右手持戟，左手拎弓，临江站立；江水之中有一柳一船。画面中间绘云气，上为天界，下为人间。一位天官戴展角幞头，着袍衫玉带，策马扬鞭向武士而来，预示好事即将发生。外底书"大明万历年制"青花六字双圈楷书款。

馆藏清顺治青花进爵图瓶，青花绘画装饰，勾线平涂，青花发色灰蓝。画面中一官员戴冠，穿袍，腰系玉带，手持笏板；白净圆脸，眉清目秀，长髯飘于前胸，面带微笑。小童恭敬弯腰，捧托盘，上有一爵，寓意"加官进爵"。二人身处庭院之中，芭蕉挺拔，庭石怪奇，地面空白处还点画涂染草坪，增加了细节的生动。二人上方有一倒三角形开光，内绘艳日、宅门，预示未来前途大好，生活优渥。

馆藏清康熙斗彩加官进爵图笔筒，器

图十 明嘉靖青花指日高升图瓷板

壁两个开光中分绘两组人物。一年轻官员，戴幞头，穿红袍，胸前绿色圆补，面庞白净，眉目清秀，无有胡须，起身立于椅前。官员前立一小童，捧官印奉上；身后两个侍者，一个持扇，一个戴笠，对面交谈。人物所处场景是庭院之中，有栏杆、洞石、红云一朵。另一个画面与此几乎完全相同，不同之处在于，画面的主角已蓄起长髯，幞头也发生变化，小童捧持托盘，上有一爵，寓意"加官进爵"。两个开光之间斗彩篆书一紫一绿两个变体"寿"字。

馆藏清康熙五彩平升三级图花觚，器身五彩绘画装饰，褐彩勾边，绿彩填色为主，红彩、褐彩点缀。画面中，一官员三绺胡须，圆脸大耳，戴展脚幞头，身穿圆领袍衫，胸前有补子，系玉带，持笏板，身后一童子执扇侍奉。官员面前一童子褐衣红裤，屈膝弯腰，双手恭敬捧持一托盘，盘内一瓶插三戟，谐音寓意"平升三级"。人物上方有云气开光，内有殿堂屋脊，作为得入庙堂、仕途高升的愿景与象征。

馆藏清乾隆嵌青花釉里红人物图瓷片，画面中一文生，面容俊美，戴软脚幞头，着圆领袍衫，腰系玉带，脚穿官靴，站立于釉里红大鳌鱼头上，寓意"独占鳌头"，手持一枝桂花，得意扬扬，寓意科举得中。"折桂"寓意科举高中，典出《晋书·郤诜传》："武帝于东堂会送，问诜曰：'卿自以为何如？'诜对曰：'臣举贤良对策，为天下第一，犹桂林之一枝，昆山之片玉。'"[4]

① [清] 金古良：《无双谱》，浙江人民美术出版社，2015年，第78页。

②《礼记·仲尼燕居》，《汉籍全文检索系统（第四版）》，陕西师范大学，2004年。

③《史记·留侯世家》，中华书局，2014年，第2484页。

④《晋书》卷五二，《汉籍全文检索系统（第四版）》，陕西师范大学，2004年。

（作者单位：北京艺术博物馆）

万寿寺万佛楼考略

李 蓓

万寿寺始建于明代，是目前长河沿岸规模较大、保存较完整的古建筑群之一，是研究明清寺院建筑的典型实物资料。万佛楼位于万寿寺中路建筑中最后一进，坐落在无量寿佛殿、光绪御碑亭之后。现存建筑坐北朝南，二层，面阔七间，单檐硬山顶，筒瓦调大脊屋面，木构架绘旋子彩画。主殿两侧建有配殿、配房等附属建筑，布局严谨，错落有序。

本文尝试依据历史文献、样式雷图档、万寿寺修缮档案、民国照片等资料，以万佛楼单座建筑为研究对象，结合万寿寺现存建筑情况，利用历史学、图像学的相关方法，考证其历史沿革，还原清末民国的建筑内部陈设景观，填补万寿寺建筑研究的历史空白，探寻其作为物质文化遗产的深层价值。

一、万佛楼历史沿革

万寿寺始建于明万历五年（1577），由万历皇帝之母、慈圣皇太后出资兴建，为贮藏汉经之用。翌年六月建成，赐名万寿寺。据《敕建万寿寺碑文》记载，明代初建时，万寿寺中路正殿为大延寿殿，其左右配殿为罗汉殿。大延寿殿前有钟鼓楼、天王殿。其后为藏经阁。阁两旁分别为韦陀殿、达摩殿。寺院最后为假山，有观音、文殊、普贤三大士殿。假山之下有池、亭等。可见在明代，假山之后为果园，并无现存的无量寿佛殿、碑亭、万佛楼等建筑。[①]

清代，万寿寺因其吉祥福瑞的嘉名而备受皇室青睐，得以数次重修扩建。康熙二十五年（1686）的修缮中，假山周围的水池被填平，假山后增建了无量寿佛殿和万佛楼。万佛楼为两层楼阁式建筑，下层称三圣殿，上层称千佛阁。[②]此后又经过乾隆十六年（1751）和二十六年（1761）两度修缮，万寿寺建筑格局基本形成。寺院建筑分为三路，中路是全寺的核心，自山门起有天王殿、大雄宝殿、万寿阁、大禅堂、观音殿、御碑亭、无量寿佛殿和万佛楼等。

光绪四年（1878），万寿寺失火，烧毁庙内"第八层正配殿九间"[③]，即万佛楼。光绪十八年（1892），光绪皇帝下令重修万寿寺，光绪十九年（1893）正月二十七日，万寿寺工程开工[④]。万佛楼也是本次修缮工程的重点。据光绪十九年二月初四日（1893年3月21日）《申报》第二版《宝刹重修》报道，本次修缮中"万寿寺后院正面万佛楼七楹，东西佛楼五楹，群殿、穿楼、过厅、大殿全行起盖"，还补铸了镀金铜佛像，安置了供桌、佛座、五供等。[⑤]

光绪十八年至光绪三十四年（1908）间，慈禧太后往返于紫禁城与颐和园两地，曾三十余次途经万寿寺，进寺礼佛，同时也对万寿寺内的塑像佛阁进行了规划设计。光绪二十九年（1903），根据慈禧太后懿旨，在万佛楼内"东山安板墙一槽，挡住楼梯，在南边留门口。……又，原有大佛三尊补铸整齐，再补铸大铜佛一尊，两旁补塑罗汉十八尊。周围佛阁找补修齐，供奉佛座一万尊，所有大佛两旁间空安放做佛阁"。⑥光绪三十年（1904）又下懿旨："万寿寺后万佛阁楼上后檐恭塑三世佛五尊，周围满安佛阁，安设佛座，楼上楼下供奉大小佛座九千九百九十九尊。"⑦

综上所述，万佛楼始建于康熙年间，为两层楼阁式建筑，一层称三圣殿（法云常住殿），二层称千佛阁。光绪初年毁于火灾，在光绪十九年万寿寺修缮工程中得以重建。重建后的万佛楼也为两层，面宽七楹，与现存建筑基本一致。光绪二十九年至光绪三十年，万佛楼内部陈设进一步改建，一层补塑佛像，增建十八罗汉；二层塑佛像五尊，两层均设置满壁佛阁，全楼供奉佛像近万尊。

上述慈禧皇太后的两份懿旨中对于万佛楼内陈设格局描述十分详尽，但对楼内供奉的佛像描述存在疑点。其述一层原有大佛像三尊，后需补塑一尊，则共有四尊，不符合常见的佛像组合和供奉方式。又二层三世佛应为塑像三尊，却述"塑三世佛五尊"，也没有具体描述，根据上述文献，无法确定楼内实际供奉形式。

清朝灭亡后，万寿寺中路建筑被战俘营、国际大学、戒毒所、职业学校、疗养院先后占用，经历了多次清查、登记，也偶有游客、记者参观。对于万寿寺万佛楼内的塑像，在这一时期的档案、报刊和笔记中多有记载。

据1925年1月5日《益世报》第七版《内务部接管万寿寺》记载，内务部曾"派员前往该庙……赴万寿寺庙内清查，计殿房高楼二百八十一间，大小木质及铜质、金质佛像一万三千余尊，铜质供器七百九十二件，汉白玉石碑四统"。文中虽未标明佛像所在位置，但根据数量来看，应包括万佛楼内的万尊长寿佛像。

1930年5月31日《北京画报》第85期《万寿寺之游（下）》中，作者记述自己在万寿寺游览时所见万佛楼内罗汉："再后为三圣殿，两旁十八罗汉长约尺许，十八尊者人各一态，神情栩栩，眉目欲

活，较之前大殿所塑，艺术尤佳。至于法衣之花纹，亦均不同。余所见北京各寺之塑像极多，其艺术之佳，实无能驾此殿罗汉之上者。"⑧

1931年北平社会局组织的庙产登记档案中记录了万寿寺万佛楼内的塑像及陈设："万佛阁一层供奉释迦牟尼佛铜像一尊，高九尺；文殊菩萨铜像一尊、普贤菩萨铜像一尊、观音菩萨铜像一尊、地藏菩萨铜像一尊，均高六尺。木质侍者像十一尊，高三尺，状态不一；泥塑十八罗汉一组，高二尺，状态不一。二层供奉五方佛泥像五尊，高六尺；泥质侍者像十一尊，高三尺，状态不一。长寿佛泥像一万尊，高四寸，状态不一，在万佛阁上下依墙壁雕龛供奉。"⑨

1935年出版的《旧都文物略》中记载万寿寺："寺建筑伟大，有正殿、前殿、后殿，有铜佛，有碑亭，碑文为翁同龢撰书。上有千佛阁，阁七楹，两层壁间，安小佛数千。"

1938年8月16日《新申报》刊文《华北古迹考（五）》，记者游览万寿寺："亭后有大殿七间，为三圣殿，额曰'法云常住'，殿上有楼一层，为'万佛楼'。殿中供如来文殊普贤及观音地藏王。佛像均为金身。佛前供器齐全，顶阁悬着经幡。壁上有无数小格，每一格内有小佛像一尊，每一个状态均不一样，都极完整精细，一共有三千五百四十六尊。两旁有泥塑十八罗汉，比前面殿中的小，但是很是精细，彩色甚新。全寺中各殿以此殿为最大最齐整。"

民国时期文献中对于万佛楼内部的记载与慈禧皇太后懿旨可相互印证：一方面，它们证实万佛楼内一层确有泥塑十八罗汉，上下两层均随墙建有满壁佛龛，与懿旨内容相符；另一方面，参观者和庙产登记内容证实万佛楼一层塑像为释迦牟尼与四大菩萨，二层塑像为五方佛，即上下两层佛像均为五尊，解释了懿旨中佛像数量不清的问题。

二、图档资料中的万佛楼内部格局

除文字资料外，多份"样式雷"图档也展示了光绪年间万佛楼的内部格局。

中国园林博物馆藏清内务府"样式雷"样稿《万佛阁三圣殿安置图样》，以黑、红线粘贴红、黄签的方式，绘制了万佛楼一层三圣殿的建筑布局、尚存装修陈设及修缮规划（图一）。图中以黄签标注"三圣殿"名称及"法云常住"匾额，用红签标注添铸千手千眼佛像一尊、补修十八罗汉塑像及添安万佛阁等项。这份样稿标明了万佛楼内佛像、罗汉像及佛阁、神台及楼梯的相对位置。

中国国家图书馆收藏的多张"样式雷"立样则进一步描绘了万佛楼内塑像及佛龛的细节（图二）。图中可见万佛楼三圣殿明间及东侧次间、梢间各塑佛像一尊，明间为主佛，体量较另外两尊略大。东尽间南北向安置佛阁，佛阁前设木质佛座，安置十八罗汉塑像九尊，佛阁东侧为楼梯，在南面留门口。西侧尽间与东侧设置相同的佛座，安置十八罗汉塑像九尊，唯西侧无楼梯，佛阁贴墙安置。此套图中未见西侧次间梢间，应与东侧格局相同。殿内东、西、南三面贴墙满壁佛阁中供奉小型无量寿佛塑像。

上述"样式雷"图档描绘了光绪年间万佛楼内的陈设，其中楼梯、佛龛及补塑千手观音等细节与慈禧皇太后懿旨中完全一致，可以确定为当时的设计图稿，因此一层佛像可以确定为五尊。对照1931年庙产登记对于万佛楼一层的描述，图档与登记内容在佛像数量、位置、尺寸等方面基本一致，可知至少在1931年，万佛楼仍然保存了光绪年间重修后的面貌。

三、照片资料中的万佛楼内部陈设

综合上述历史文献及图档资料记载，万寿寺万佛楼分为上、下两层，一层三圣殿内塑像为释迦牟尼及文殊、普贤、观音、地藏四大菩萨，二层供奉五方佛塑像五尊。楼内墙壁上随龛供奉小佛像，数量极多，据记载有数千乃至万尊。又楼内一层两旁有十八罗汉，高约二尺，造型精致，栩栩如生。当时的参观者认为，万佛楼内的塑像是万寿寺各殿塑像中保存最完整的，与北京地区其他寺院的塑像相比也极具艺术价值。可惜的是，这些珍贵的雕塑作品未能留存至今。幸而由于摄影技术的发明，众多来到万寿寺的摄影师记录下了万佛楼内部陈设和雕塑细节。借由这些影像资料，今人可以目睹万佛楼中的陈设格局，重现那些精致珍贵的塑像。

1900—1946年间，法国摄影师拉里贝、荷兰公使希特斯、奥匈帝国摄影师佩克哈默、法国银行家卡恩及德国女摄影师莫里逊等五位摄影师先后来到万寿寺，留下了万佛楼内部塑像及陈设的影像资料20余张（详见表一）。

表一前三张图展示了万佛楼一层的总体布局，中间较大的佛像为释迦牟尼（表一：4—6），两侧佛像略小，佛像被佛龛环

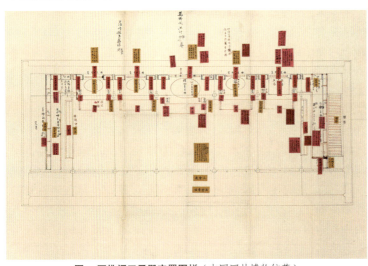

图一 万佛阁三圣殿安置图样（中国园林博物馆藏）

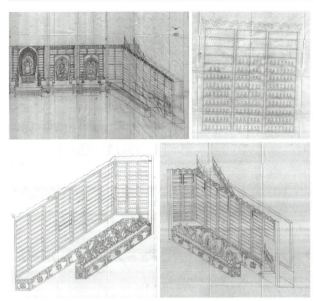

图二 万佛楼"样式雷"图样（中国国家图书馆藏）

式雷"图档描述相符。

四大菩萨塑像分别位于释迦牟尼塑像两侧，根据前文"样式雷"图档标注，东侧为文殊（表一：7）、观音（表一：13—18），西侧为普贤（表一：8—9）、地藏（表一：10—12）。其中地藏菩萨与千手观音各有两张局部照片，记录了塑像的头冠及面部细节。对比可见，地藏菩萨与千手观音塑像的背光高度略低于另外两尊。

表一：19—21为东尽间罗汉照片。综合对比三张照片，可以确定它们分别记录了东尽间九尊罗汉中的第一至四尊、第二至八尊和第一至七尊（自南向北排列）。照片还展示了他们背后的佛阁及佛座。

表一：22—28为万佛楼二层照片。其中表一：22—23展示了二层整体格局和楼

绕。除五尊塑像前均有供桌及供器以外，殿正中另有供桌一张。第一张图中可见西尽间的九尊罗汉像。整体格局与前文"样

表一 万佛楼内部影像资料

序号	照片	内容描述	摄影师	拍摄时间
1		万佛楼一层内景	希特斯	1903—1908
2		万佛楼一层佛像	卡恩	1921
3		万佛楼一层菩萨像	希特斯	1903—1908

续表

序号	照片	内容描述	摄影师	拍摄时间
4		万佛楼一层释迦牟尼像	希特斯	1903—1908
5		万佛楼一层释迦牟尼像	卡恩	1921
6		万佛楼一层释迦牟尼像	莫里逊	1933—1946
7		万佛楼一层文殊菩萨像	莫里逊	1933—1946
8		万佛楼一层普贤菩萨像	卡恩	1921
9		万佛楼一层普贤菩萨像	莫里逊	1933—1946

序号	照片	内容描述	摄影师	拍摄时间
10		万佛楼一层地藏菩萨像	莫里逊	1933—1946
11		万佛楼一层地藏菩萨像（局部）	莫里逊	1933—1946
12		万佛楼一层地藏菩萨像（局部）	莫里逊	1933—1946
13		万佛楼一层千手观音像	卡恩	1921
14		万佛楼一层千手观音像	拉里贝	1900—1910
15		万佛楼一层千手观音像	佩克哈默	1914—1920

序号	照片	内容描述	摄影师	拍摄时间
16		万佛楼一层千手观音像	莫里逊	1933—1946
17		万佛楼一层千手观音像（局部）	莫里逊	1933—1946
18		万佛楼一层千手观音像（局部）	莫里逊	1933—1946
19		万佛楼一层东侧罗汉像	拉里贝	1900—1910
20		万佛楼一层东侧罗汉像	卡恩	1921
21		万佛楼一层东侧罗汉像	莫里逊	1933—1946

序号	照片	内容描述	摄影师	拍摄时间
22		万佛楼二层内景	希特斯	1903—1908
23		万佛楼二层内景	莫里逊	1933—1946
24		万佛楼二层佛像	莫里逊	1933—1946
25		万佛楼二层佛像	莫里逊	1933—1946
26		万佛楼二层佛像	莫里逊	1933—1946
27		万佛楼二层佛像	莫里逊	1933—1946

续表

序号	照片	内容描述	摄影师	拍摄时间
28		万佛楼二层佛像	莫里逊	1933—1946

梯入口位置。二层塑像格局与一层不同，佛龛围绕立柱形成"凹"字形，佛像之间以佛龛隔断。据表一：28所示，二层佛阁中的长寿佛泥像相背而坐，佛阁中间并无隔断。

除上述明确标注拍摄位置的照片资料外，佩克哈默摄影集中收录了一张罗汉塑像的照片，怀抱一只神兽，表情细致生动，堪称雕塑精品（图三）。因拍摄者没有标注拍摄地，未能确定其拍摄位置。通过与表一中的罗汉照片对比可以发现，这尊塑像多次出现在其他摄影师的作品集中，可以确定为万佛楼一层东尽间九尊罗汉之一，位于南起第三尊。与另外三位摄影师的作品相比，佩克哈默拍摄的照片更加清晰，展现了万佛楼中罗汉塑像的精致传神。

图三 佩克哈默拍摄的罗汉像

四、余论

对于万佛楼中塑像的去向，1940年《中国文艺》第1卷第5期"雕塑之页"记载："京西万寿寺中之泥塑，惟妙惟肖，颇具写实主义作风，为明末作品，惜于廿六年秋该寺不戒于火，此诸精品亦遭回□。"

报刊附有照片，根据照片中塑像的姿势与排列顺序，结合背后佛座造型，可以认定为万寿寺万佛楼内罗汉像（图四、图五）。但文中所述塑像被火烧毁则与实际不符。1937年万寿寺作为戒毒所期间确实曾经失火，但被烧毁的楼宇为第三进院中的万寿阁，而非万佛楼，且万寿阁中并无罗汉像。1937年4月30日《申报》曾报道："[北平]万寿寺北平第二烈性毒犯戒除所，廿八日午夜，因电门爆炸，走火延境，至廿九日晨五时始熄灭，计焚去万寿阁大殿三间，东配殿及瓦房十间，极珍贵之罗汉堂幸未波及。"可见《中国文艺》报道所述塑像被毁原因不明，应为作者调查不明。

解放战争期间，万寿寺附近曾遭战火。新中国成立后，万寿寺建筑群先后由多所机构占用。在此期间，万佛楼经过一定程度的改建。至20世纪80年代北京市文物局接管万寿寺时，万佛楼主体建筑基本保存了光绪时期的结构，前廊安上了门窗（图六、图七）。1987年北京艺术博物馆建馆于此，万佛楼及其配殿维持改建后形制，作为博物馆库房和办公使用。在目前可见资料中，对于万佛楼改建情况及楼内大小塑像、佛龛的去向均未见明确记载，

图四 万寿寺长眉罗汉

图五 万寿寺罗汉之一部

图六 万佛楼原外观（1936—1940年）

图七 改建后的万佛楼（1983年）

期待未来能够获得相关文献，进一步还原万佛楼建筑变迁，为今后的修缮保护和合理利用提供依据。

①张树伟编：《万寿寺史料汇编》，北京联合出版公司，2017年，第33页。

②孔祥利：《北京长河史万寿寺史》，荣宝斋出版社，2006年，第167—168页。

③第一历史档案馆 05-13-002-001997-0038，光绪四年四月二十日。

④第一历史档案馆 05-08-030-000599-0041，光绪十九年二月二十七日。

⑤第一历史档案馆 05-08-032-000032-0058，光绪二十二年七月二十五日。

⑥第一历史档案馆 05-08-032-000036-0092，光绪二十九年九月二十六日。

⑦第一历史档案馆05-08-032-000040-0036，光绪三十年五月初四日。

⑧张树伟编：《万寿寺史料汇编》，北京联合出版公司，2017年，第393页。

⑨张树伟编：《万寿寺史料汇编》，北京联合出版公司，2017年，第379页。

（作者单位：北京艺术博物馆）

永乐朝殿试考官题名和明代殿试考官制度的确立

李晓頔

在北京孔庙大成门外，立有永乐十三年（1415）、十六年（1418）、十九年（1421）、二十二年（1424）四通进士题名碑，在各碑的碑阴处刻有"殿试考官题名"，记录了考官的姓名、官职和出身。这份名单是这四科殿试唯一存世的考官名录，具有极高的史料价值。

明代是中国科举制度发展的鼎盛时期，上承唐、宋、元三代，下启清代，清代诸多科举规章定制于明代。明代的科举考试分为乡试、会试、殿试三级，殿试是科举考试的最终环节，也是由皇帝亲自主持的一场考试，意义非凡。而作为这场考试的"把关人"，殿试考官的选择就尤为重要，明洪武时期已有规定"读卷官用翰林院及朝臣之文学优者"①。当前关于殿试考官的研究主要以《明代进士登科录》为主，如黄明光《明代科举制度研究》、王榕烽《光荣与屈辱：明代科举考试官的科场历程》等论文，以及郭培贵在《中国科举制度通史（明代卷）》"殿试"章节中对殿试考官的梳理。但当前研究仍缺乏对实物资料的考察，因此本文引用新的资料——进士题名碑上的殿试考官题名，选取特定对象"永乐朝殿试考官"进行重点分析，梳理考官情况，分析永乐朝在明朝殿试制度确立过程

中的作用，同时也明确进士题名碑的文献价值。

一、"殿试考官题名"碑文考补

四通题名碑碑体整体保存完好，虽有漫漶，但大部分文字仍可辨识。四通碑大小各异，永乐十三年碑碑体通高248cm，宽154cm，厚26cm，永乐十四年（1416）立石；永乐十六年碑碑体通高235cm，宽106cm，厚28cm，永乐十六年立石；永乐

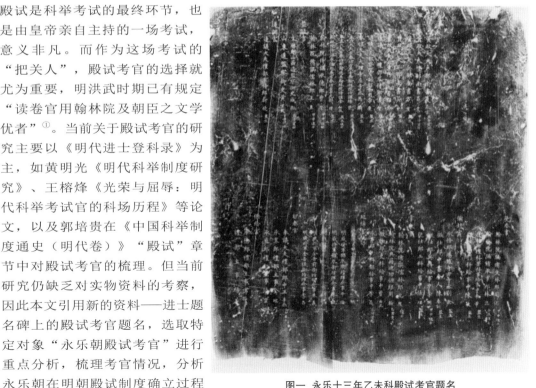

图一 永乐十三年乙未科殿试考官题名

十九年碑碑体通高236cm，宽108cm，厚28cm，永乐十九年立石；永乐二十二年碑碑体通高约为254cm，宽98cm，厚27cm，为宣德九年（1434）补立。四通碑形制大体相同，皆为方首抹角形制，首身一体，长方形碑座，碑额处篆书题刻"赐进士题名记"（唯永乐二十二年刻"永乐二十二年进士题名记"），碑阳和碑阴处碑文楷书刻写。碑阳碑文分两部分，第一部分为进士题名碑记，主要内容是称颂皇帝、勉励士子和记录科考盛事；第二部分是分甲次从左至右纵向刻写进士的姓名和籍贯。碑阴处碑文为殿试考官题名，分两排刻写，第一排刻读卷官、监试官、提调官考官官职及名录（顺序偶有调整），第二排刻受卷官、弥封官、掌卷官、巡绰官、印卷官、供给官考官官职及名录，考官姓名后皆小字附考官出身（图一）。

四通碑的"殿试考官题名"在各文献史料中均未见记载，故碑文考补仅能以金石拓片为底本。笔者现可见拓片有三种，一为中国文化遗产研究院藏20世纪30年代拓片，后文称研究院版；一为国家图书馆藏20世纪50年代拓片，后文称国图版；一为网络资料，其自述为哈佛燕京图书馆藏民国时期拓片，经与原石比对，确为永乐朝殿试考官题名，后文称哈佛版。三份拓片相较，哈佛版保存情况较好，留存文字最多；研究院版次之，且缺永乐二十二年拓片；国图版文字缺失最多。鉴于上述情况，本文选择哈佛版拓片为底本，辅以其他两种拓片，再结合《明史》《明代职官年表》《明代进士登科录》等资料考订碑文。

永乐十三年题名碑，第一排刻19列，第二排刻27列，全文共541字，缺5字，补4字，考补如下：第一排四列，"方宾□生"，据《明史》载他为"洪武时太學生"故补"监"字。[②]第一排六列，"郭资□□进士"，据《明史》载他为"洪武十八年进士"[③]，即乙丑榜，故补"乙丑"二字。第二排五列，"征仕□刑科給

事中"，据明代职官名补"郎"字[④]。该碑巡绰官原为6列，现仅剩4列，碑体有明显磨痕。

永乐十六年题名碑，第一排18列，第二排30列，全文共587字，缺21字，补19字。考补如下：第一排二列"戶部尚書夏□□□□鄉貢進士"，据研究版补"原吉庚午"四字。第一排三列"兵部尚書□□監生"，据《明代职官年表》载永乐十六年兵部尚书有三人，仅"方賓扈駕"[⑤]，即随侍皇帝身边，因此只有他可充当殿试官，故补"方賓"二字。第一排六列"王彰丁卯鄉貢□□"，据第二列碑文补"進士"二字。第一排九列"大理寺右寺承□□"，据研究版补"郭瑄"。第一排十一列"翰林院學士兼右春坊右庶子奉政大大夫□榮"，据《明代职官年表》载补"楊"字[⑥]。第二排四列"兵科給事中楊□"，据《明代职官年表》补"勉"字[⑦]。第二排十列"周翰丙戌鄉□□士"，补"貢進"二字。第二排十五列"從□郎工科□事中"，补"仕""給"二字。第二排十九列"錦衣衛指揮僉事□觀"，据永乐十三年碑文补"林"字。第二排二十列"明□將軍"，补"威"字。第二排二十八列"禮科精膳□吏司"，据研究院版补"清"字。

永乐十九年题名碑，第一排16列，第二排26列，原拓损毁较多，存455字，补41字。考补如下：第一排二列刻夏元吉为"庚午進士"，为错刻，应为"庚午貢士"。第二排二列"儒林郎余□甲□□□"，据研究院版得"申進士"三字，在永乐十九年以前，唯永乐二年开甲申科，又考《永乐二年进士题名碑录》余姓进士有"余贞、余鼎、余斌、余礼"[⑧]，据拓片字形推测应为"鼎"字。第二排四列"兵科給□□□□□監生"，补"事中"二字。第二排五列"禮科給□□□□□□□□"，补"事中"，又据研究院版补"乙酉""士"三字，又考永乐十九以前无乙酉开殿试记载，而永乐

十六年碑文载乙酉年有"鄉貢進士"，故此处再补"貢"字。第二排七列"林壽丙□□士"，考林寿为"永乐四年进士"⑨得"戌進"二字。第二排八列"□習禮辛卯進士"，据永乐九年辛卯科进士题名碑录得"錢"字⑩。第二排九列"征□郎吏科□事□"，补"仕""給""中"三字。第二排十列"刑科給□□"，补"事中"。第二排十二列"翰林院檢□從仕郎□學夔"，补"討"字，又据永乐二年甲申科进士题名碑录⑪得"余"字。其后几列拓片所缺文字皆为官职名称：第二排十八列、十九列原拓皆为"明威將□□衣衛"，两列皆补"軍""錦"二字，二十列原拓为"懷遠將□□吾"补"軍金"二字，二十二列、二十三列原拓为"禮部□□□司主事"，两列皆补"儀制清吏"四字。第二排第二十六列，"承□郎禮部精膳□吏司□事沃□儒□"，补"直""清""主"三字，又据研究版补"能""士"二字。

永乐二十二年题名碑，第一排16列，第二排26列，全文共492字，缺23字，补13字。第一排七列"翰林院學士奉政大夫金□□□□進士"，据《明代职官年表》得"幼孜"二字⑫，又据建文二年题名录进士题名碑录⑬得"庚辰"。第一排八列"奉議大夫□春芳大學士楊士奇"，据《明史》补"左"字⑭。第一排九列"侍講□□"，补"學士"。第二排三列"□□□修撰"补"翰林院"。第二排十七列"□遠將軍"补"懷"字。第二排二十三列"孫□□乙未進士"，据永乐十三年进士题名碑录⑮补"原貞"。四通碑共补77字，发现错刻1处，碑文经梳理做表一。

据表一所示，永乐十三年殿试考官37人，永乐十六年殿试考官39人，永乐十九年殿试考官33人，永乐二十二年殿试考官33人，共计142人。

二、永乐朝殿试考官概述

（一）永乐朝前四科殿试考官信息

永乐朝共举行八次殿试，除上述四科外，还有永乐二年（1404）甲申科、四年（1406）丙戌科、九年（1411）辛卯科和十年（1412）壬辰科。按例，这四科殿试考官信息也题刻于进士题名碑碑阴处，但这四通碑立于南京国子监内，清咸丰年间随南京国子监一同被毁，故碑文无存。幸在明代《进士登科录》的"玉音"部分亦载考官信息，体例与进士题名碑的"考官题名"略同，都载考官的官职、姓名和出身。永乐朝《进士登科录》现仅存两份，一份为《永乐九年进士登科录》（图二），明永乐刻本，藏于上海图书馆，载殿试考官32人，包括读卷官蹇义等8人，监试官邓鉴等2人，提调官吕震等2人，受卷官余鼎等4人，弥封官孙伯坚等4人，掌卷官王英等3人，巡绰官纪网等4人，印卷官曾坚等2人，供给官黄裳等3人。一份为《永乐十年进士登科录》⑯，明成化刻本，藏台北"中央图书馆"，载殿试考官

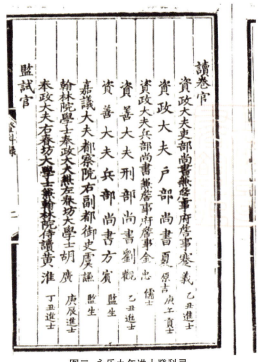

图二　永乐九年进士登科录

表一 永乐朝殿试考官信息梳理

科目	职位	官职	姓名	出身
永乐十三年乙未科	读卷官	资政大夫、户部尚书	夏原吉	庚午贡士
		资政大夫、礼部尚书	吕震	甲子贡士
		资政大夫、兵部尚书	方宾	监生
		资政大夫、工部尚书	吴中	监生
		资政大夫、北京行部尚书	郭资	乙丑进士
		通议大夫、礼部左侍郎	仪智	儒士
		通议大夫、都察院左副都御史	李庆	监生
		奉议大夫、大理寺左寺丞	马麟	监生
		奉政大夫、右春坊右庶子兼翰林院侍讲	杨荣	庚辰进士
		奉直大夫、右春坊右谕德兼翰林院侍讲	金幼孜	庚辰进士
		翰林院侍讲、承德郎兼左春坊左中允	邹缉	儒士
		翰林院侍讲、承德郎	曾棨	甲申进士
		翰林院修撰、儒林郎	王直	甲申进士
	监试官	文林郎、山西道监察御史	成务	丙子贡士
		山东道监察御史	黄宗载	丁丑进士
	提调官	通议大夫、礼部右侍郎	蔚绶	监生
	受卷官	翰林院编修、文林郎	周述	甲申进士
		翰林院编修、承事郎	林志	壬辰进士
		从仕郎、礼科署事给事中	朱芾	监生
		征仕郎、刑科给事中	陈敏	监生
	弥封官	承务郎、鸿胪寺右寺承	刘泉	监生
		征仕郎、中书舍人	陈彝训	监生
		征仕郎、兵科给事中	李网	甲申进士
		从仕郎、工科给事中	张翙	监生
	掌卷官	翰林院修撰、儒林郎	沈度	儒士
		翰林院典籍、迪功佐郎	周翰	乙酉贡士
		征仕郎、吏科给事中	曾由正	
		承事郎、户科都给事中	李晟	己卯贡士
	巡绰官	明威将军、锦衣卫指挥佥事	牛伦	
		明威将军、锦衣卫指挥佥事	林观	
		明威将军、金吾前卫指挥佥事	朱义	
		明威将军、金吾后卫指挥佥事	李昂	
	印卷官	奉议大夫、礼部郎中	王芳荪	乙卯贡士
		承直郎、礼部主事	全琮	
		承直郎、礼部主事	凌云	生员
	供给官	承德郎、礼部主事	常士昌	
		礼部主事	杨□	生员
永乐十六年戊戌科	读卷官	资政大夫、户部尚书	夏原吉	庚午贡士
		资政大夫、兵部尚书	方宾	监生
		资政大夫、北京行部尚书	郭资	乙丑进士
		通议大夫、吏部右侍郎	师逵	监生
		嘉议大夫、都察院右副都御史	王彰	丁卯贡士
		中大夫、光禄寺卿	张泌	监生

续表

科目	职位	官职	姓名	出身
永乐十六年戊戌科	读卷官	通议大夫、北京行部右侍郎	李昶	监生
		奉议大夫、大理寺右寺丞	郭瑄	监生
		文渊阁大学士兼左春坊大学士、奉政大夫	胡广	庚辰进士
		翰林院学士兼右春坊右庶子、奉政大夫	杨荣	庚辰进士
		翰林院学士兼右春坊右谕德、奉议大夫	金幼孜	庚辰进士
		翰林院侍讲兼左春坊左中允、承德郎	邹缉	儒士
	提调官	资政大夫、礼部尚书	吕震	甲子贡士
	监试官	□西道监察御史	朱敬	辛卯进士
		浙江道监察御史	邝埜	辛卯进士
	受卷官	翰林院修撰、儒林郎	罗汝敬	甲申进士
		翰林院检讨、从仕郎	陈璲	辛卯进士
		文林郎、兵科都给事中	杨勉	
		从仕郎、礼科给事中	牛麟	乙酉贡士
	弥封官	鸿胪寺左寺丞	林寿	丙戌进士
		从仕郎、吏科给事中	苏弼	监生
		从仕郎、刑科给事中	陈谅	辛卯贡士
		翰林院典籍、迪功佐郎	周翰	丙戌贡士
	掌卷官	翰林院修撰、儒林郎	萧时中	辛卯进士
		征仕郎、中书舍人	鲍麟	
		从仕郎、户科给事中	纪文	监生
		从仕郎、工科给事中	张□	监生
	巡绰官	昭通将军、锦衣卫掌卫事都指挥佥事	刘忠	
		明威将军、锦衣卫指挥佥事	牛伦	
		明威将军、锦衣卫指挥佥事	林观	
		明威将军、锦衣卫指挥佥事	杨荣	
		明威将军、金吾前卫指挥佥事	朱义	
		明威将军、金吾后卫指挥佥事	李昂	
	印卷官	礼部仪制清吏司员外郎	全琮	
		礼部仪制清吏司主事	王洪	丁丑进士
		礼部仪制清吏司主事	桂芝	乙未进士
	供给官	礼部精膳清吏司员外郎	常士昌	
		承直郎、礼部精膳清吏司主事	申达	
		礼部精膳清吏司署主事	杨镛	
永乐十九年辛丑科	读卷官	资政大夫、户部尚书	夏原吉	庚午贡士
		资政大夫、刑部尚书	吴中	监生
		工部尚书	李庆	监生
		通议大夫、吏部右侍郎	师逵	监生
		都察院右都御史	王彰	丁卯贡士
		文渊阁大学士兼翰林院学士、奉政大夫	杨荣	庚辰进士
		文渊阁大学士兼翰林院学士、奉政大夫	金幼孜	庚辰进士
		奉议大夫、大理寺右寺丞	郭瑄	监生
		翰林院侍讲兼左春坊左中允、承德郎	邹缉	儒士
		翰林院侍讲、承德郎	王英	甲申进士

科目	职位	官职	姓名	出身
永乐十九年辛丑科	提调官	资政大夫、礼部尚书	吕震	甲子贡士
	监试官	文林郎、陕西道监察御史	刘琏	壬辰进士
		文林郎、四川道监察御史	罗通	壬辰进士
	受卷官	翰林院修撰、儒林郎	余鼎	甲申进士
		翰林院检讨、从仕郎	□□	□□进士
		征仕郎、兵科给事中	□□□	监生
		征仕郎、礼科给事中	□□□	乙酉贡士
	弥封官	鸿胪寺左寺丞	林寿	丙戌进士
		翰林院检讨、从仕郎	钱习礼	辛卯进士
		征仕郎、吏科给事中	□□	丙子贡士
		刑科给事中	杨益	监生
	掌卷官	翰林院检讨、从仕郎	余学夔	甲申进士
		征仕郎、中书舍人	卢儒	儒士
		征仕郎、户科给事中	吴廷用	甲申进士
		征仕郎、工科给事中	王□□	□□
	巡绰官	明威将军、锦衣卫指挥佥事	牛伦	
		明威将军、锦衣卫指挥佥事	裘英	
		怀远将军、金吾前卫指挥同知	翟成	
		明威将军、后吾前后指挥佥事	邓安	
	印卷官	礼部仪制清吏司主事	孙原贞	乙未进士
		礼部仪制清吏司主事	孙中	监生
	供给官	奉直大夫、礼部精膳清吏司员外郎	吴嘉静	儒士
		承直郎、礼部精膳清吏司主事	沃能	儒士
永乐二十二年甲辰科	读卷官	工部尚书	李庆	监生
		户部左侍郎	郝□	监生
		工部右侍郎	许廓	乙卯贡士
		都察院左都御史	刘观	乙丑进士
		文渊阁大学士兼翰林院学士、奉政大夫	杨荣	庚辰进士
		文渊阁大学士兼翰林院学士、奉政大夫	金幼孜	庚辰进士
		奉议大夫、左春芳大学士	杨士奇	儒士
		翰林院侍讲学士、奉训大夫	沈度	儒士
		翰林院侍读、承德郎	周述	甲申进士
		奉议大夫、通政使司右参议	朱□	监生
	提调官	资政大夫、礼部尚书	吕震	甲子贡士
	监试官	文林郎、贵州道监察御史	黄宗载	丁丑进士
		文林郎、浙江道监察御史	林衡	辛卯进士
	受卷官	儒林郎、鸿胪寺右寺丞	刘顺	壬午贡士
		翰林院修撰、儒林郎	陈循	乙未进士
		征仕郎、礼科给事中	□盛	监生
		征仕郎、户科给事中	吴廷用	甲申进士
	弥封官	翰林院编修、承事郎	周叙	戊戌进士
		翰林院编修、承事郎	杨琪	戊戌进士
		吏科都给事中	李谦	监生

续表

科目	职位	官职	姓名	出身
永乐二十二年甲辰科	弥封官	征仕郎、兵科给事中	刘穆	乙酉贡士
	掌卷官	翰林院修撰	苗衷	辛卯进士
		征仕郎、刑科给事中	李敏	监生
		征仕郎、□科给事中	胡廣	监生
		征仕郎、中书舍人	□□□	儒士
	巡绰官	怀远将军、锦衣卫指挥同知	邹镕	
		明威将军、锦衣卫金事	刘俨	
		昭勇将军、金吾前卫指挥使	高迪	
		昭勇将军、金吾后卫指挥同知	陈□	
	印卷官	礼部仪制清吏司郎中	陈敬	监生
		承德郎、礼部仪制清吏司主事	孙原贞	乙未进士
	供给官	礼部精膳清吏司员外郎	杨□	乙卯贡士
		承德郎、礼部精膳清吏司主事	杨□	

31人，包括读卷官蹇义等8人，监试官周铸等2人，提调官吕震1人，受卷官周孟简等4人，弥封官孙伯坚等4人，掌卷官王英等3人，巡绰官纪网等4人，印卷官方彦祯等2人，供给官滕霄等3人。

除上述两种资料外，在永乐二年和四年进士题名碑记中也简要提及殿试考官情况，现将该内容一同考补，以补充永乐朝殿试考官信息。永乐二年进士题名碑记载"吏部尚书臣蹇义等进读"[17]，即蹇义为读卷官。永乐四年进士题名碑记载，"命吏部尚书詹事臣义、户部尚书臣原吉、兵部尚书臣俊、兵部尚书兼詹事臣忠、工部尚书臣礼、都察院左都御史臣英、右都御史臣中、刑部侍郎臣季箎、翰林学士臣景翰、翰林学士兼右春坊大学士臣缙、左春芳左庶子兼翰林侍讲臣淮、右春坊右庶子兼翰林侍读臣广读卷、礼部尚书臣赐、侍郎臣砥、臣豇、臣存心掌其事"[18]。据此文所考，永乐四年读卷官设12人：吏部尚书兼詹事府詹事蹇义，乙丑进士；户部尚书夏原吉，庚午贡士；兵部尚书刘俊，乙丑进士[19]；兵部尚书兼詹事府詹事金忠，儒士[20]；工部尚书宋礼，监生[21]；都察院左都御史陈瑛，洪武贡士[22]；都察院右都御史吴中，监生[23]；刑部侍郎刘季箎，甲戌进士[24]；翰林学士王景，儒士[25]；翰林学士兼右春坊大学士解缙，戊辰进士[26]；左春坊左

庶子兼翰林侍讲黄淮，丁丑进士[27]；右春坊右庶子兼翰林侍讲胡广，庚辰进士[28]。提调官4人：礼部尚书郑赐，乙丑进士[29]；礼部侍郎杨砥，洪武进士[30]；礼部侍郎赵豇，洪武贡士[31]；礼部侍郎戚存心，甲戌进士[32]。

统计上述几种史料，永乐朝殿试考官可考222人次，读卷官74人次，监试官12人次，提调官11人次，受卷官24人次，弥封官24人次，掌卷官22人次，巡绰官26人次，印卷官14人次，供给官15人次。其中殿试考官人数最多为永乐十六年，有39人，最少为永乐十年，有31人，平均一科殿试考官人数为30人左右。

（二）永乐朝殿试考官的数量、官职和出身

永乐朝殿试考官设9种，具体情况如下：

读卷官每科设10至13人不等。从官职看包括六部尚书27人；翰林院官员25人，其中有阁臣17人；六部侍郎7人次；都察院御史7人次；大理寺寺丞3人；左春芳大学上2人，其中有阁臣1人；左春坊左中允1人；光禄寺卿1人；通政使司参议1人。从出身看有进士31人，贡士12人，监生21人，儒士10人。

监试官每科设2人，由各道监察御史担任，包括进士7人，贡士2人，监生2

人，儒士1人。

提调官每科设1或2人，由礼部尚书或侍郎担任，包括进士3人次，贡士6人次，监生1人次，其中吕震曾5次担任提调官。

受卷官每科设4人。从官职看有六科给事中13人，翰林院编修、修撰等官11人，鸿胪寺丞1人。从出身看有进士15人，贡士4人，监生4人。

弥封官每科设4人，从官职看有六科给事中12人，翰林院典籍等官6人，鸿胪寺少卿等官5人，中书舍人1人。从出身看有进士8人，贡士7人，监生8人，儒士1人。

掌卷官每科设3或4人，从官职看有六科给事中12人，翰林院修撰等官7人，中书舍人3人。从出身看有进士7人，贡士5人，监生4人，儒士3人，另有3人未载出身，1人出身不明。

巡绰官每科设4或6人，均由武官担任，其中锦衣卫14人，金吾卫10人。

印卷官每科设2或3人，由礼部主事或员外郎担任，其中进士5人，贡士1人，监生2人，儒士1人，生员1人。

供给官每科设2或3人，也由礼部郎官担任，其中进士1人，贡士5人，监生1人，生员1人，儒士2人。

据上所述可以看出以下几个特点：1.殿试考官以礼部官员为主，礼部有43人参与永乐殿试，占总考官人数19%。但六部、翰林院、都察院、锦衣卫等各官也会参与殿试，与礼部官员一同组成临时的考试机构。2.永乐初年内阁大臣已任读卷官参与殿试，其后每科阁臣任读卷官人数2—3人不等。3.除巡绰官外，其他考官以科举出身为主，且进士出身最多。永乐朝科举出身的殿试考官有以下几类[33]：进士，指通过殿试金榜高中者，有77人，占总考官人数的35%；监生，指国子监的学生，有44人，占20%；贡士，又作乡贡进士，指由地方府州县学贡入国子监的学生，如夏元吉、赵翊、吕震等人都是以"乡荐入太学"，有42人，占19%；生

员，也称秀才，是地方官学的学生，有2人，占总人数的1%。另有一类称为儒士，指"那些既未入学成为生员、又未入官府服役成为吏员、更未入仕成为官员的存在于社会上且以'通经'有文为特征的良民"[34]，如王景"以博学应诏"，金忠以"僧道衍称于成祖"便是儒士，但这类考官人数不多，仅有18人。

三、殿试考官定制于永乐朝

经过洪武、建文两朝变革，明代殿试考官的选取制度定制于永乐朝。

首先，永乐朝确定了殿试考官种类。据《洪武四年进士登科录》载，洪武朝殿试考官设11种，有7种与永乐朝考官相同，另有"总提调官、对读官、搜检官、监门官"等官。建文朝考官设10种，除"收掌试卷官""提调供给官"与永乐朝功能相同但名称不同外，还另设有"知贡举官"和"同知贡举官"。这两朝考官种类均与后期明代考官种类不同。永乐朝将殿试考官的职能和种类进行优化、合并，最终确定9种考官，而此制沿用至明末。

其次，永乐朝确定了殿试考官的人选范围。以读卷官为例，洪武朝和建文朝都曾任用国子监祭酒为读卷官，这与后世考官情况不符。而永乐朝的读卷官则在翰林院官员、六部尚书或侍郎、都察院御史、大理寺寺丞等人中选取，与后世相同。经查《明会典》，在永乐二年时规定"其读卷官以内阁官及六部、都察院、通政司、大理寺正官、詹事府、翰林院堂上官，提调以礼部尚书、侍郎，监试以监察御史二员，受卷、弥封、掌卷俱以翰林、春坊、司经局、光禄寺、鸿胪寺、尚宝司、六科及制敕房官，巡绰以锦衣、金吾等卫官，印卷以礼部仪制司官，供给以光禄寺、礼部精膳司官"，故明代自永乐二年起依照此制选取殿试考官，及至明末未有太大变革。

最后，永乐朝确定了殿试考官以科

举出身为主的考官层次。如上文所述，永乐朝科举出身考官占总考官人数的74%，而建文二年殿试考官总人数为25人，其中包括进士10人、监生2人、贡士1人，科举出身考官仅占总人数的52%，大大低于永乐朝的平均水平。而永乐朝以后殿试考官出身情况则与之大体相同。如宣德二年殿试考官39人，其中进士10人、监生5人、贡士10人、生员2人，科举出身考官占总考官人数的69%；正统十三年考官43人，其中进士28人、监生2人、贡士4人、生员2人，占83%；成化五年考官49人，其中进士35人、监生1人、贡士3人，占80%；弘治九年考官51人，进士37人、监生2人、贡士2人、生员2人，占84%；嘉靖十七年考官64人，进士45人、生员2人，占73%；隆庆二年考官人数58人，进士41人、监生1人、贡士1人，占74%。㉟故自永乐朝起，科举出身殿试考官占比增大，尤以进士最多，殿试确立了以进士为主体的考试机构。

四、余论

见微知著，明代的殿试制度定制于永乐朝。永乐二年颁布的殿试制度，是"明廷对洪武时期所行殿试制度进行了重新厘定、丰富和发展，使其更加严密、规范和完备"㊱，它不仅确立了殿试考官制度，也确定了殿试的考试流程、阅卷流程和其后的礼仪庆典，如进士恩荣宴、进士上表谢恩、进士拜谒孔庙、国子监立题名等仪节，其后的殿试制度未有太大变革，一直沿用至清末。而进士题名碑上的殿试考官题名既是明代科举考试的一手资料，又是明代科举历史的实物证明，具有非常重要的档案、文献意义。

①《明太祖实录》卷一百七十二"洪武十八年三月壬戌朔"，"中央研究院"历史语言研究所，1962年，第2623页。

②《明史》卷一百五十一《方宾传》，中华书局，1974年，第4183页。

③《明史》卷一百五十一《郭资传》，中华书局，1974年，第4179页。

④之后碑文考补多处由明代职官名所得，此类考补后文不再赘述。

⑤张德信：《明代职官年表·部员大臣年表（京师）》，黄山书社，2009年，第453页。

⑥张德信：《明代职官年表·殿阁大学士年表》，黄山书社，2009年，第154页。

⑦张德信：《明代职官年表·六科都给事中年表》，黄山书社，2009年，第1293页。

⑧朱宝炯、谢沛霖：《明清进士题名碑录索引》，上海古籍出版社，1989年，第2426—2429页。

⑨朱宝炯、谢沛霖：《明清进士题名碑录索引》，上海古籍出版社，1989年，第2431页。

⑩朱宝炯、谢沛霖：《明清进士题名碑录索引》，上海古籍出版社，1989年，第2432页。

⑪朱宝炯、谢沛霖：《明清进士题名碑录索引》，上海古籍出版社，1989年，第2426页。

⑫张德信：《明代职官年表·殿阁大学士年表》，黄山书社，2009年，第160页。

⑬⑮朱宝炯、谢沛霖：《明清进士题名碑录索引》，上海古籍出版社，1989年，第2425页。

⑭《明史》卷一百四十八《杨士奇传》，中华书局，1974年，第4132页。

⑯屈万里等主编：《明代登科录汇编·永乐十年进士登科录》，学生书局，1969年，第199—203页。

⑰[明]黄佐：《南雍志》卷十五《储养考·进士题名》，《新编太学文献大成》第4册，学苑出版社，2014年，第358页。

⑱[明]黄佐：《南雍志》卷十五《储养考·进士题名》，《新编太学文献大成》第4册，学苑出版社，2014年，第374页。

⑲据《明代职官表·部员大臣年表（京师）》得名，第441页。据《明史》卷一百五十四《刘俊传》得出身，第4228页。

⑳据《明代职官表·部员大臣年表（京师）》得名，第441页。据《明代登科录汇编·永乐十年进士

（下转第67页）

孔庙和国子监博物馆藏“希古振缨”匾额考辨

胡文嘉

孔庙和国子监博物馆现藏有一件“希古振缨”匾额。此匾为木质横式匾额，通长136厘米，通宽63.5厘米，厚4厘米，四边无饰无框。匾右起楷书“希古振缨”四个大字，左侧楷书上款作“光緒壬寅仲秋穀旦”，下款作“江都李汝椿秋丞、脩文戚朝勳彦丞、寶坻郝觀光幼霖、大興朱寯瀛芷青、饒陽常熙敬冠卿、昌平周濂徽琴侣、衡水韓杜紹甫、宛平祝椿年蔭廷、溫縣李式典儀侯、朝陽路由義砥如、武昌范超元月孫、天津劉嘉琦芋田、宛平李延瑛潤田、天津李春澤潤生、平定陳啓秀振堂、盱眙王儀鄭伯弓、天津楊鳳藻蘭坡、天津劉學濂欣蓮、黟縣汪馨伯吾、大興郎榮甲筱坡、宛平牛桂榮香山、玉田蔣志達莑庭、太倉吳昌燕詒孫、天津王仁沛莑農、天津沈耀奎星垣、天津李秉元幼安”，其中“光绪”和诸儒名、字仍可见髹有红漆[①]。

前辈时彦对于此匾的释义，多围绕夏侯湛《东方朔画赞》“临世濯足，希古振缨”这一出处进行。笔者不揣谫陋，试对此“希古振缨”匾额的含义略作补充讨论。

一、希古：对先圣、治世的崇尚与企望

“希古”何以能够表达对“古”的景仰之意，这可由“希”的词义变化来看。《说文解字》未见有“希”字头，清儒段玉裁于“稀”字下云：“许书无‘希’字，而希声字多有。与由声字正同，不得云无‘希’字、‘由’字也。许时夺之，今不得其说解耳。”[②]杨树达先生也指出“其为许君偶遗、抑或许书本有而传写相承夺去，无可考矣”，杨先生进而从字形、经典异文、词义引申和连文“希㢟”四个方面进行论证，“希”为从糸之“絺”的初文，本义为细葛，“希”字从巾、从爻，“爻”象葛缕交织稀疏之形。[③]征之文献，《周礼·春官宗伯·司服》云：“王之吉服”，“祭社稷五祀则希冕”，郑玄注：“希读为絺，或作‘黹’，字之误也”，贾公彦疏云：“本有此二文不同，故云误。当从絺为正也”，陆德明《经典释文》云“希，本又作絺，陟里反”，校勘记亦载：“唐石经诸本同释文‘希冕’本又作‘絺’”[④]，可知，由“希”字形体和文献来看，其本义当如杨先生所说，指细葛，与表示粗葛的“绤”相对，后加旁形成专字“絺”来记录细葛义。葛布透气性好，吸水性弱，不吸汗，又容易晾干，是古代夏季服饰的一种主要材料，《庄子·让王》有“冬日衣皮毛，夏日衣葛絺”[⑤]之语，《韩非子·五蠹》亦载“冬日麑裘，夏日葛衣”[⑥]。由于葛布的这种特点，本义为“细葛”的“希”又引申有稀疏之义，当产生了加旁字“絺”专门记录细葛的意义后，“希”则只占据“稀少”义了。睡虎地秦简《日书甲种》“盗者”篇第71简背面有“希”

字作 ![字], 其文云："寅, 虎也。盗者壮, 希须, 面有黑焉, 不全于身……", 希须读为"稀鬚"[7], 是对人面须稀疏的形容, "希"表稀疏、稀少义。《尔雅·释诂》："希、寡、鲜, 罕也"[8], 也是"希"表示稀少义的例证。由于少见、稀罕, 进而表明有所企盼、盼望, 这在心理上体现为希求、希冀的态度, 在行为上则与观、望的动作发生了联系, 二者都成为"希"的引申义而为典籍所存。《庄子·让王》篇载, 原宪家贫, 形容落拓, 面对子贡的问话, 他对世道给予了这样的评价："夫希世而行, 比周而友, 学以为人, 教以为己, 仁义之慝, 舆马之饰, 宪不忍为也", 其中"希世而行"句, 司马彪注云："希, 望也。所行常顾世誉而动"[9], 也即看着、追求着当世的声誉来行事, 而非以道理为本。类似的用法还见于《汉书·董仲舒传》"仲舒为人廉直。是时方外攘四夷, 公孙弘治《春秋》不如仲舒, 而弘希世用事, 位至公卿", 颜师古注"希, 观相也"[10], 可知"希世用事"也是说观当世好恶, 迎合世人行事, "希"也用作观、望义。结合"希"词义引申的脉络来看, "希"所带有的"望"义不仅表示动作, 而是一种带有着企盼态度的看, 也可以说是内心的希冀外化表达为"望"的行为, 二者是相互体现的。

由此再来看"希古"的意义。刊刻于孙吴天玺元年(276)的篆书碑刻《禅国山碑》碑文有"希古所觊"[11]之语。碑文罗列了众多祥瑞之兆, 然后又说其余飞鸟、植被, 古时所见, "命世殊奇"而未被作为祥瑞提及的还有很多, 不可胜数, 可知其中"希古"所指大概非近古而言, 而是意指上古三代甚至更早的时代。夏侯湛为西晋人, 其作《东方朔画赞》与《禅国山碑》年代相去不远, 结合赞文所言"瞻望往代, 爰想遐踪", 文中所云"希古振缨"之"希古"应当也是秦汉以前的三代之时了。

概言之, 结合清儒治学、思潮中的复古因素和三代昌明政治在后世文人心目中的崇高地位, 时人所"希"之"古"大体是指上古时期的先圣与治世, 先秦时代明君圣主、君子贤臣的事迹影响深远, 为后世不断学习和传承, 故而这种对"古"之所"希", 不仅是一种向先世和历史回望, 更是一种带有崇敬之心的企望。

二、振缨：现世中的自我勉励和鼓舞

《说文·系部》曰"缨, 冠系也", 段玉裁注云："冠系, 可以系冠者也。系者, 係也, 以二组系于冠卷, 结颐下是谓缨", 可知, "缨"是古人的帽带, 由冠的两侧各垂下一条细带, 打结系于颔下, 起到固定头冠的作用。与此相关的还有"纮", 其与"缨"的区别在于, "纮"是"自下而上系于笄者"[12]。"纮"为系于笄两端的帽带, 由笄的一端出发, 绕经颔下而后上行, 系于笄的另一端, 并垂下其余部分。

有关"冠"的礼仪规定是古代礼法制度的重要组成, 是古代君子为人立世非常看重的内容。《礼记·冠义》开篇云：

> 凡人之所以为人者, 礼义也。礼义之始, 在于正容体, 齐颜色, 顺辞令。容体正, 颜色齐, 辞令顺, 而后礼义备。以正君臣, 亲父子, 和长幼。君臣正, 父子亲, 长幼和, 而后礼义立。故冠而后服备, 服备而后容体正, 颜色齐, 辞令顺。故曰"冠者, 礼之始也"。[13]

没有正确地戴冠, 仪容整洁和言辞通顺就无从谈起, 更不必说践行礼义了, 因而"冠"被认为是"礼之始", 只有正确地履行了有关"冠"的礼仪制度, 才能使得君臣、父子、长幼等秩序稳固而和顺, 可见在时人心目中"冠"的重要程度。而"缨"作为冠的系带, 与冠的佩戴和正位有着直接而密切的关系, 故而"振缨"应当也作为一种意象来理解, 其所体现的是一种君子贤臣心目中看重礼法制度和政治秩序，以及基于这种态度所生发的对积极取仕的心态的正向表达。

西晋文学家夏侯湛作《东方朔画赞》，其文云"临世濯足，希古振缨。涅而无滓，既浊能清"，唐人李善注引《楚辞》作解[14]。《楚辞·渔父》篇中屈原已遭放逐，于江边遇到渔父，两人进行了一段对话：屈原认为自己被放逐的原因是"举世皆浊我独清，众人皆醉我独醒"，因而不容于世，但面对渔父提出的"圣人不凝滞于物，而能与世推移"的看法时，屈原并不能接受，宁愿葬身鱼腹也不愿以高洁之身屈就世俗尘埃，渔父莞尔而去，歌曰"沧浪之水清兮，可以濯吾缨；沧浪之水浊兮，可以濯吾足"[15]。屈原和渔父代表了人在世道迷茫的情境下的两种选择，屈原决意以正直之躯直面艰难，渔父则主张随遇而安，顺势而为。由此来看《赞》文，"涅而无滓，既浊能清"，"染迹朝隐，和而不同。栖迟下位，聊以从容"等语句中，清浊、朝隐、下位与从容，所表达的意思当与《楚辞》中渔父的想法类似，土坷沉水却仍能分清浊，隐于朝堂，也能和而不同而存本心本志，隐遁漂泊仍能从容处之，均体现了事物正反两面辩证统一的特点。故而，《赞》文中的"临世濯足，希古振缨"也应当是相对的，"临世濯足"是就世道混沌时而言，"希古振缨"是就世道清明时而言，表达的是振奋自身、积极入仕的态度。

《楚辞》中渔父所歌的沧浪之歌，又见于《孟子·离娄上》：

有孺子歌曰："沧浪之水清兮，可以濯我缨；沧浪之水浊兮，可以濯我足。"孔子曰："小子听之！清斯濯缨，浊斯濯足矣，自取之也。"夫人必自侮，然后人侮之；家必自毁，而后人毁之；国必自伐，而后人伐之。太甲曰："天作孽，犹可违；自作孽，不可活。"此之谓也。[16]

在《孟子》的记载中，沧浪之歌假托孩童之口道出，"孔子曰"之后的部分是对沧浪之歌的阐发：清斯濯缨亦

或是浊斯濯足是"自取"的，人必先由自己的选择而亲近高洁或者俯就低贱，才能进而产生相应的后果，故而孟子才会有"不仁而可与言，则何亡国败家之有？"的论述，如能使得原本不行仁义的人也能"从谏从善可与言议"，没有了自侮其人、自毁其家、自伐其国的情况，那么天下如何会有亡国败家的事情发生呢？在《楚辞·渔父》的语境下，沧浪之歌表达的是一种顺势而为、能屈能伸的融通性，尽管屈原并没有认可这种态度，濯足或濯缨体现为两种可能性，根据世道清浊都有可能发生。而《孟子·离娄上》篇运用沧浪之歌则明确地表达出一种褒贬态度，濯足或濯缨成为人的一种自主选择，即便是原本不仁的人，如果能从谏从善，也能避免落于卑贱、亡国败家的后果，从而表达劝人积极向上的主旨。在两种文献中，"濯缨"这一意象所对应的都是积极进取、高洁清明的一面，故而"希古振缨"中的"振缨"表达的也应当是积极取仕、有所作为的态度。

三、"希古振缨"匾所蕴含的思想因素

此"希古振缨"匾额的题款表明是匾作于光绪壬寅仲秋，也即光绪二十八年（1902）。在这样的时代背景下，以"希古振缨"作为匾文内容大概是受数种因素综合影响的结果。

其一，题匾以寄情是文人群体普遍采用的表达形式之一。"希古振缨"取意于古代文学作品，寄托当世作者的志向与情怀，将这四个字刻制为匾额，这是匾文作者作为文人阶层的成员，用以抒发情感、寄寓情志的一种自发表达。加之适逢变革时代，经过甲午战争、《马关条约》的签订、联军侵华等一系列来自外部的猛烈冲击后，匾文题写者作为时局的亲历者，在思想上更容易产生直接和显著的波动，相

较社会平稳时期也更可能生发这种情志上的激励和慨叹。可以说这也是世道艰难映射到个体层面的一种反映。

其二，作者群体深受古代传统教育熏陶，对古典文化极具情怀。"希古振缨"匾下款落名者共有26位，其中多数已难在典籍中查到他们的详细记载，有些则记述颇为简略，但从已知的材料可以得知，其中至少有4位曾在国子监履职：宝坻人郝观光为清末书法家，曾任国子监学正；大兴朱寯瀛为同治元年举人，历任河南知府、国子监助教；昌平周濂徽曾任国子监助教；朝阳路由义为光绪十五年举人，曾任国子监学正⑰。国子监时为全国最高学府和教育管理机构，不仅教职人员自身要具备颇高的治学素养，更兼具教导监生，为朝廷培养人才的职能。师古、法古，从三代圣王圣贤和历代典籍中学习经验、智慧，是传统思想中历来重视典范作用、具有历史自觉的体现。也由于这样的因素，这一群体或对"古"有着殊为深厚的情感，进而综合成为既畅想古意又振奋自身的愿景。

其三，在时代巨变的背景下，尚古和求变在一定程度上纠结形成一种复杂心态。"希古振缨"匾作于1902年，在此前的十年间，晚清社会遭受了甲午战争、戊戌变法、八国联军侵华等多重事件的猛烈冲击，内外交困的局面日益显著。国门之外，列强环伺；朝堂之上，新旧交锋，旧有的统治秩序摇摇欲坠，新起的思想和技术眼花缭乱。此时，诸如社会秩序如何稳定，国家未来该向何处这样的问题，自然而然地成了时代的主要议题，无论是政治参与者，还是广大仁人志士大多有所见解或回应。尽管匾题文写者并不处在朝政的核心和枢要位置，但在现实的触动下，其所谓"希古"和"振缨"大抵不仅止于对"古"的崇尚和希冀，而也蕴含了企望现状发生改变的心理，这种"求变"的心态中甚至不乏对现实的无力与慨叹。"希古振缨"整体上表达了希望重获古时昌明盛世，积极入仕，追求君子贤臣理想秩序的意涵，其中"希古"是对最终目标的畅想，即崇尚古时明君贤臣重塑秩序，使社会由乱而治，以臻昌明的状态，而"振缨"则有自我振奋的作用，意在发奋自强，秉持积极的入仕之心，以期实现政治理想和安邦定国之志。

清末的"希古振缨"木匾，既承载了当世部分文人的情志抒怀，又使上古时期的文辞意蕴重新昭然于世间；既反映出了古人相当程度的历史自觉，也是中华传统文化延续性和生命力的体现。由上古到晚清再到今世，历史与传统以各种特定的或自发的形式绵延相传，在不断地继承、发扬和回望中沟通古今，使古人得以垂范千秋，使今人能够回溯根脉，在文化的连续绵延中时时获得激励与启迪。

①为求准确、直观，匾文迻录均保留原文繁体字形，不转写为简化字。有关此匾的图片、基础信息和相关研究参见孔庙和国子监博物馆编：《孔庙和国子监博物馆馆藏匾额楹联》，北京燕山出版社，2014年；王琳琳：《北京孔庙国子监匾联考辨》，北京燕山出版社，2014年。

②⑫〔汉〕许慎撰、〔清〕段玉裁注：《说文解字注》，上海古籍出版社，1981年，第321、653页。

③杨树达：《积微居小学述林》卷二，中华书局，1983年，第45—46页。

④〔汉〕郑玄注、〔唐〕贾公彦疏：《周礼注疏》卷二十一，〔清〕阮元校刻：《十三经注疏》，中华书局，1980年，第781—782、785页。

⑤⑨〔清〕郭庆藩撰、王孝鱼点校：《庄子集释》卷九下，中华书局，1961年，第966、977页。

⑥〔清〕王先慎撰、钟哲点校：《韩非子集释》卷十九，中华书局，1998年，第443页。

⑦睡虎地秦墓竹简整理小组：《睡虎地秦墓竹简》，文物出版社，1990年，第108、219页。

⑧〔晋〕郭璞注、〔宋〕邢昺疏：《尔雅注疏》卷二，〔清〕阮元校刻：《十三经注疏》，中华书局，1980年，第2575页。

⑩ [汉] 班固撰、[唐] 颜师古注：《汉书》卷五十六，中华书局，1962年，第2525页。

⑪ 商承祚编著、中国科学院考古研究所编辑：《石刻篆文编》卷七，科学出版社，1957年，第12页。

⑬ [汉] 郑玄注、[唐] 孔颖达疏：《礼记正义》卷六十一，[清] 阮元校刻：《十三经注疏》，中华书局，1980年，第1679页。

⑭ [梁] 萧统编、[唐] 李善注：《文选》卷第四十七，上海古籍出版社，1986年，第2119页。

⑮ [宋] 朱熹撰、蒋立甫校点：《楚辞集注》，上海古籍出版社，2001年，第112—114页。

⑯ [汉] 赵岐注、[宋] 孙奭疏：《孟子注疏》卷七，[清] 阮元校刻：《十三经注疏》，中华书局，1980年，第2719页。

⑰ 关于诸生生平记载，引自王琳琳：《北京孔庙国子监匾联考辨》，北京燕山出版社，2014年，第200—201页。

（作者单位：孔庙和国子监博物馆）

（上接第62页）

登科录》得出身，第200页。

㉑ 据《明代职官表·部员大臣年表（京师）》得名，第441页。据《明史》卷一百五十三《宋礼传》得出身，第4203页。

㉒ 据《明代职官表·部员大臣年表（京师）》得名，第441页。据《明史》卷三百零八《陈瑛传》得出身，第7910页。

㉓ 此条据永乐十三年殿试考官题名得。

㉔ 据《明代职官表·部院侍郎年表（京师）》得名，第721页。据《明清进士题名碑录索引》"洪武二十七年甲戌科"得出身，第2423页。

㉕ 据《明代职官表·殿阁大学士年表》得名，第142页。据《明史》卷一百五十二《王景传》得出身，第4188页。

㉖ 据《明代职官表·内阁大臣年表》得名，第16页。据《明史》卷一百四十七《解缙传》得出身，第4115页。

㉗ 据《明代职官表·内阁大臣年表》得名，第16页。据《明史》卷一百四十七《黄淮传》得出身，第4123页。

㉘ 据《明代职官表·内阁大臣年表》得名，第16页。据《明清进士题名碑录索引》"建文二年庚辰科"得出身，第2425—2426页。

㉙ 据《明代职官表·部员大臣年表（京师）》得名，第441页。据《明史》卷一百五十一《郑赐传》得出身，第4177页。

㉚ 据《明代职官表·部院侍郎年表（京师）》得名，第721页。据《明史》卷一百五十《杨砥传》得出身，第4166页。

㉛ 据《明代职官表·部院侍郎年表（京师）》得名，第721页。据《明史》卷一百五十《赵羾传》得出身，第4158页。

㉜ 据《明代职官表·部院侍郎年表（京师）》得姓名，第721页。据《明清进士题名碑录索引》"洪武二十七年甲戌科"得出身，第2423页。

㉝ 因明代学校教育已被纳入科举制度范畴，故由学校出仕者皆算科举出身。

㉞ 郭培贵：《中国科举制度通史（明代卷）》，上海人民出版社，2017年，第93页。

㉟ 该数据由"宣德二年进士题名碑碑阴拓片"和《明代登科录汇编》中所载各科"进士登科录"统计考官信息所得。

㊱ 郭培贵：《中国科举制度通史（明代卷）》，上海人民出版社，2017年，第31页。

（作者单位：孔庙和国子监博物馆）

明清地祇坛五陵山祭祀格局的演变

温思琦

地祇坛位于北京先农坛内坛之南，始建于明嘉靖九年（1530），是祭祀岳、镇、海、渎等自然神祇的场所，与祭祀风、云、雷、雨的天神坛合称神祇坛。根据清光绪版《清会典图》载，地祇坛位于天神坛西侧，坛台长约32米（广十丈），宽约19.2米（纵六丈），高约1.28米（高四尺），四面皆有六级台阶，坛台南侧有青白石石龛五座，高约2.62米（八尺二寸），分别供奉五岳、五镇、五陵山、四海、四渎之神。台坛东侧有青白石石龛两座，供奉京畿名山、大川。坛台西侧同样设有青白石石龛两座，供奉天下名山、大川。东西两侧石龛均高约2.46米（七尺七寸）。

所谓地祇，泛指地上所有自然物的神灵，包括土地、社稷、山川等，北京地祇坛所祭祀岳、镇、海、渎皆属自然神祇范畴。岳、镇是中国古代山岳神的代表，海、渎是中国川泽神灵的代表。中国是一个多山川的国家，古人对岳、镇、海、渎等高山大川的神灵崇拜观念和祭祀行为由来已久，初民时代，人们对于岳、镇、海、渎的崇拜和祭祀属于原始的自然崇拜状态。进入国家阶段，对岳、镇、海、渎的崇拜与祭祀成为一种重要的国家行为。其中最广为人知的地祇之神是五岳（东岳泰山、西岳华山、南岳衡山、北岳恒山、中岳嵩山），同时还包括五镇（东镇沂山、南镇会稽山、中镇霍山、西镇吴山、北镇医巫闾山）、四海（东海、南海、北海、西海）、四渎（长江、黄河、淮河、济水）、五陵山、天下名山大川和京畿名山大川。五岳、五镇、四海、四渎历朝所指代偶有不同，但总体变化不大，但是，对五陵山的祭祀在明代之前并未出现过，其雏形诞生于明初，真正载于祀典是明代嘉靖朝。五陵山所祭祀内容也因明清两朝更迭有所变化。明代确立伊始，五陵山分别代表基运山、翊圣山、神烈山、纯德山、天寿山；清代通常指代启运山、天柱山、隆业山、昌瑞山、永宁山。祭祀内涵上也从最开始的自然山川之神崇拜向陵山之神祭祀转变。本篇论文就简要论述明清时期五陵山祭祀格局的产生与演变。

一、明洪武时期钟山祭祀与明初三陵的修建

（一）钟山祭祀

历经元末明初的战乱，百废待兴，明代统治者从各个方面急于恢复汉族的正统地位。典章制度效法元之前各代，尤其唐宋，礼制上采用周法，彰显对周礼的政治与典章的承袭性。建国伊始，就参照唐宋之法编纂《大明集礼》。因政权尚未稳定，而唐宋之法又多庞杂，明太祖朱元璋在恢复的同时，也进行了适于当朝应用的种种考虑与选择变通。

太祖建国之初，就于南京正阳门外、钟山之阳（南）修建圜丘坛，以冬至日祀天。太平门外、钟山之阴（北）修建方丘坛，夏至日祭地。岳镇海渎、山川诸神作为陪祀不单独祭祀，从祀方丘。随后朱元璋认为将天神、地祇同屋不同时祭祀并非敬神之道，于是在洪武二年（1369）命

礼官考据古制，根据礼官不设坛祭祀不合礼制的回复，将太岁、风云雷雨诸天神合为一坛，定于惊蛰、秋分之日祭祀，将岳镇海渎、天下山川、城隍诸地祇之神合为一坛，于清明、霜降之日祭祀。共设祭坛十九座，每坛祭祀内容详见表一。

这十九坛帝王均躬自行礼。值得注意的是，明建国之初此时虽尚未修建山川坛，但是京都钟山已经开始设坛祭祀。

洪武时期，钟山之神能够入列山川坛正殿祭祀，这与钟山"虎踞龙盘"的地势以及自古以来的江南龙脉之称密不可分。钟山，位于今江苏省南京市玄武区。钟山地区自古四季分明，土壤肥沃，物产丰富，优渥的自然地理条件是构成城市文明的基础。有关钟山的记载可以推至秦始皇时期，宋代《景定建康志》中记载秦始皇三十七年（前210）东巡会稽，过丹阳至钱塘还，从江乘（今江苏省南京市栖霞山附近）渡江，于是设立江乘县。秦始皇身边方士称观金陵（今江苏省南京市）有帝王之气，于是秦始皇下令凿穿钟阜（钟山），挖断长陇将水改流穿过全城，意图将南京的王气冲泄走。在其后两千多年的历史发展中，虽水早已改流，但是钟山一直被视为江南龙脉所在。

洪武三年（1370），太祖认为风云雷雨、岳镇海渎为阴阳一气，于是在正阳门外将天地两坛合二为一，太岁、四季月将、风云雷雨、岳镇海渎、山川、城隍、旗纛诸神合祀。

洪武九年（1376），在圜丘西南建山川坛，山川坛正殿祭祀太岁、风云雷雨、五岳、五镇、四海、四渎、钟山之神。东西配殿各祭祀三坛，东配殿祭祀京畿山川、夏冬二季月将。西配殿祭祀春秋二季月将、京都城隍。从这时起，钟山之神开启其在山川坛正殿祭祀的历史，直至明代嘉靖朝时期。

（二）明初三陵的修建

明初三陵即明祖陵、明皇陵与明孝陵的合称。

明祖陵，位于今江苏省淮安市盱眙县，是朱元璋为其祖辈所建之陵寝。明皇陵，位于今安徽省滁州市凤阳县，是朱元璋为其父辈所建之陵寝。洪武元年（1368）正月，朱元璋登极称帝。即位前，朱元璋先期命礼部书写高祖、曾祖、祖考、先考四代皇祖考、妣神主，并设祭坛，奉上玉宝及玉册。玉册上书："元璋遇天下兵起，躬擐甲胄，调度师旅，戡定四方，以安人民，土地日广，皆祖宗深仁厚德所致也"[①]，于是给其未曾见面的祖父、祖母追尊帝、后称号，但却不知他们的确切埋葬地。朱元璋即位后，首先着手制定明朝的礼乐制度，同时拟定祀典，在制定祀典时，为了分别制定各陵的礼仪定式，朱元璋首先将父母陵寝荐号"英陵"，洪武二年五月又更名为"皇陵"，并设皇陵卫守卫陵寝，同时将祖父母陵寝命名为"祖陵"。这时期的祖陵虽有祀典，但是具

表一 明洪武二年钟山祭坛祭祀内容

第一坛	太岁，春、夏、秋、冬四季月将	第二坛	风、云、雷、雨
第三坛	五岳	第四坛	五镇
第五坛	四海	第六坛	四渎
第七坛	京都钟山	第八坛	江东山川
第九坛	江西山川	第十坛	湖广山川
第十一坛	淮东、淮西山川	第十二坛	浙东、浙西、福建山川
第十三坛	广东、广西、海南、海北山川	第十四坛	山东、山西、河南、河北山川
第十五坛	北平、陕西山川	第十六坛	左江、右江山川
第十七坛	安南、高丽、占城诸国山川	第十八坛	京都城隍
第十九坛	六纛大神、旗纛大将、五方旗神、战船、金鼓、铳炮、弓弩、飞枪飞石、阵前阵后诸神		

体位置因年代久远却一直无法确定，直到洪武十七年（1384）一个叫朱贵的朱姓同宗小军官回家祭祖，为朱元璋寻得并献上祖陵图，从而才确定了祖陵所在位置。洪武十八年（1385）开始营建祖陵玄宫。祖陵每年有大祭、中祭、小祭三种常祭形式，其中正旦、冬至为大祭，清明、中元为中祭，每月朔望为小祭。同时祖陵祭祀专门设有祠祭署。洪武二年，朱元璋遣太常寺官员至皇陵行祭告礼，向神祭告皇陵已成的国家大事。同祖陵一样，皇陵也设立了管理机构，建立了祭祀制度。

明孝陵，位于现江苏省南京市玄武区城郊，是朱元璋与马皇后的陵寝。朱元璋作为明朝的开国皇帝，将帝陵选址修建在了这个自古就有江南龙脉之称的钟山南麓。

根据上述简要论述，我们不难发现太祖时期的钟山之神祭祀是将钟山视为守护庇佑一方的京畿名山来祭祀的，这时钟山之神的自然神属性突出，因钟山自古有江南龙脉之称，洪武帝将孝陵建于此处作为自己的陵寝，而明祖陵和明皇陵仅仅作为帝王祖先陵寝祭祀，有自己独立的陵寝祭祀制度和管理机构。

二、明永乐时期天寿山祭祀与长陵的营建

朱棣，明太祖朱元璋第四子，洪武年间被派到北平（今北京）驻守，封为燕王。朱棣自分封至此二十余载，对这里的山川地势、风土人情了如指掌。

永乐四年（1406）闰七月，淇国公丘福及文武群臣上疏奏请建北京宫殿以备巡幸，永乐帝深表赞同。永乐六年（1408），朱棣命礼部尚书赵羾带领江西术士廖均卿等人到北京附近踏勘陵地。经过一年多的时间，终于在昌平境内的黄土山寻到万年吉壤。永乐七年（1409）四月，永乐帝借巡守北京

的机会，车驾临视陵地，亲定陵址于黄土山，因正值万寿圣节，因此封黄土山为天寿山。同年五月初八，永乐帝命武安侯前往天寿山，祭告山川后土之神，正式大兴土木修建皇陵。永乐十一年（1413）皇陵玄宫等主体工程完工，其后葬入已在南京病逝的徐皇后。永乐十四年（1416），明成祖车驾巡行北京之时，商议营建紫禁城。紫禁城工程动工同时在京城南郊修建山川坛，其规制悉仿南京旧制。永乐时期的山川坛格局为正殿七间，祭祀太岁神、风云雷雨诸天神、岳镇海渎诸地祇、钟山之神和天寿山之神。至永乐十八年（1420），各庙社郊祀、坛场、宫殿、门阙工程告竣。永乐十九年（1421）正月，明朝中央政府正式迁往北京。永乐二十二年（1424），明成祖薨，与徐皇后合葬于天寿山皇陵，称为"长陵"。自古以来，皇家陵寝总是与都城密切联系在一起的。此时，天寿山作为皇陵的凭依，同时因其位于北京城正北的燕山山脉之中，成为北京城的主山，地位陡升。

在时间顺序上，天寿山皇陵早在北京山川坛营建之时已然完工。山川坛正殿所祭天寿山已经不再简单作为北京城的主山祭祀，已经成为皇陵凭依之山。而且永乐时期的钟山也早已成为洪武帝的帝王陵寝。永乐时期北京山川坛祭祀的钟山之神与天寿山之神已经全部成为帝王陵寝凭依之山了。因此，从永乐开始钟山和天寿山这两座分别守护南京城和北京城的山川之神向皇陵凭依之山转变，但并未载入典籍。

三、明嘉靖五陵山祭祀格局的确立

嘉靖帝以藩王身份继承大统后，更改太祖朱元璋确定的各种礼制，也就是后世所谓的"大礼议"。通过"大礼议"，嘉靖皇帝明确了自身统治的法理正统性、正

确性，加强了皇权。最初，嘉靖帝为了提升亡父的政治地位能够入驻太庙，开启这场礼制争辩。最终结果，经过三年反复辩论，不仅实现帝王初衷，而且修正了开国以来的祖宗定制，"厘正祀典"，恢复了周礼之制。嘉靖七年（1528）六月，《明伦大典》修成颁发，世宗以法典的形式巩固了自己在"大礼议"中取得的成果。"大礼议"事件中，明世宗同护礼派进行了长期较量，皇权不断巩固，世宗个人威望也不断提升。嘉靖九年，恢复明初的天地分祀，在正阳门外原大祀殿南修建圜丘坛，在安定门外修建方泽坛。嘉靖帝对北京山川坛的改动，主要是在旗纛庙和斋宫之间修建神仓，又对山川坛正殿内合祀的众神祇进行调整，在山川坛内坛南侧修建神祇坛，将山川坛正殿内的风、云、雷、雨诸天神，五岳、五镇、四海、四渎、五山诸地祇分别于神祇坛祭祀，并将山川坛正式更名为神祇坛。《明世宗实录》详细记载了更名情况："嘉靖九年十一月，丙申，上谕礼部曰：南郊之东坛名天坛，北郊之坛名地坛，东郊之坛名朝日坛，西郊之坛名夕月坛，南郊之西坛名神祇坛。著载会典，勿得混称。"②

嘉靖十年（1531）二月，"上谕内阁，昨因议追祖陵、皇陵二山名，朕思孝陵在钟山亦宜同体，文皇既封黄土山为天寿山，今又拟显陵为纯德山，而独钟山如故，于理未妥，朕惟祖陵宜曰基运山、皇陵宜曰翊圣山、孝陵宜曰神烈山，并方泽从祀。以基运、翊圣、天寿山之神设于五岳之前，神烈、纯德山之神位次于五镇之序，仍预闻之。……神祇坛每年秋报露祭，地祇内有钟山、天寿山之神。方泽从祀增制基运等山神位，其神祇坛亦宜遵行"③。由此不难看出五陵山之称始于嘉靖时期，分别指代基运山（祖陵）、翊圣山（皇陵）、神烈山（孝陵）、纯德山（显陵）、天寿山（明十三陵）。

明显陵，位于今湖北省钟祥市城郊，明世宗的生父兴献王朱佑杬和生母蒋太后葬于此处。显陵始建于明正德十四年（1519），直至嘉靖四十五年（1566）才全部修建完成。因世宗称其父"唯我皇考，若日月之照临，光于四方，显于西土"而定陵号"显陵"。兴献王生前虽不是帝王，但以藩王继承大统的明世宗经过"大礼议"，为其追封了皇帝名号，最终实现了将其生父称宗祔庙的目的。明显陵的扩建和升格，是世宗在大礼议事件中逐步取胜以及皇权巩固的重要见证。显陵的成功建成和五陵山的最终确立达到了世宗推尊生父的合法地位的目的，从而确立了自己的正统地位。

四、清代五陵山祭祀内容

清代是中国皇权专制的最后一个王朝，其皇权专制制度达到顶峰。作为少数民族政权，清代与之前的政权存在着共性，又有相当的区别。共性上都属于皇权专制统治，极端的中央集权。区别在于满清入主北京之后并没有尽毁前代宫殿和坛庙，因此在祭祀礼仪上也效仿明代。这种做法是因统治者亟须以最快速度稳定其在中原的统治秩序。体现在国家祭祀层面就是全面完善了祭祀的礼乐、仪程，并对祭祀陈设重新考据，制定了各祭祀礼器。体现在地祇祭祀制度上主要就是完善了岳镇海渎的祭祀礼仪，仍将地祇祭祀列为中祀，规定凡岁旱祈雨，遣官祇告天神、地祇、太岁诸神。地祇祭祀内容方面就是对五陵山内容做了适应本朝代的变更（表二）。

清代的礼仪制度早在入关之前就已创制，带有纯粹的民族特色。入关之后吸收传统的汉家礼法，在历朝经验基础上，特别是承袭明代礼乐制度并不断完善，《清会典则例》载："天神地祇顺治年初定……为地祇坛于天神坛之西……为五岳、五镇、启运山、积庆山、天柱山、隆业山位"④。由此可见，清朝初年，清政府将明代五陵山内容更改为满族祖先陵

表二 明清地祇祭祀变更情况

年代	内容	祭祀内涵	祭祀地点
明洪武	钟山	山川之神祭祀	南京山川坛
明永乐	钟山、天寿山	山川之神祭祀向陵山之神祭祀转变	北京山川坛
明嘉靖	基运山、翊圣山、神烈山、纯德山、天寿山	五陵山格局的确立	北京神祇坛
清顺治	启运山、积庆山（顺治十六年停祭）、天柱山、隆业山	四陵山祭祀	北京地祇坛
清康熙	启运山、天柱山、隆业山、昌瑞山	四陵山祭祀	北京地祇坛
清乾隆	启运山、天柱山、隆业山、昌瑞山、永宁山	五陵山祭祀	北京地祇坛

寝。顺治十六年（1659）时停祭积庆山。到康熙二年（1663）封凤台山为昌瑞山设位地祇坛。《清实录·顺治朝实录》记载了"封肇祖原皇帝、兴祖直皇帝陵山曰启运山，景祖翼皇帝、显祖宣皇帝陵山曰积庆山，福陵山曰天柱山，昭陵山曰隆业山"[5]。由此可见，顺治朝、康熙朝、雍正朝均祭祀四山，但是四山所指各不相同。顺治朝的四山分别指启运山，位于辽宁新宾县永陵；积庆山，位于辽宁新宾县永陵，因为启运山与积庆山均位于辽宁永陵，因此于顺治十六年停祭积庆山；天柱山位于辽宁沈阳东陵；隆业山位于辽宁沈阳北陵。这四山所代表的均为清朝先祖陵寝所在地。康熙时期的四山为启运山、天柱山、隆业山以及昌瑞山，昌瑞山为现在的清东陵所在地，康熙皇帝的父亲顺治皇帝以及康熙帝本人就埋葬在这里。这四山格局也一直延续到雍正时期。

乾隆元年（1736）封泰宁山为永宁山设位地祇坛。至此，从清初延续到雍正的四山正式变更为五山，分别为启运山、天柱山、隆业山、昌瑞山以及永宁山。前三山均为满人入关前的祖陵，后二山则是入关之后的帝王的皇陵，其中永宁山为现在清西陵所在地，乾隆帝的父亲雍正帝的泰陵即位于此处。

五、结语

明清时期的五陵山祭祀根源于中国古代先民对于山川之神的崇拜，高耸入云的神山是人类精神寄托的象征。山川之祭历代有之，人们祈求山川带给他们富足的生活。洪武时期，钟山之神作为守护南京城的山川之神来祭祀，而祖陵与皇陵作为帝王陵寝祭祀。永乐时期，钟山、天寿山之神祭祀开始向陵山之神祭祀转变。直至明嘉靖时期，经过"大礼议"事件后，真正确立了五陵山祭祀格局，世宗不光实现了其生父"称宗祔庙"的目的，借"厘正祀典"之机，其父陵寝"显陵"也升格为帝王陵寝。这是中国古代陵山之祭列入国家祀典之始，终明未改。清代以降，五陵山祭祀内容上虽有变化，但仅仅是在继承明嘉靖时期陵山祭祀内涵基础上做了适合本朝代本民族的变更。陵山最开始所简单指代的自然山川被深远的政治寓意所取代，与国家政权联系在一起。

①《明太祖实录》卷二九，北京大学图书馆，1962年影印本，第479页。

②《明世宗实录》卷一一九，北京大学图书馆，1962年影印本，第2833页。

③《明世宗实录》卷一二二，北京大学图书馆，1962年影印本，第2928—2929页。

④《大清会典则例》卷八十三，台湾商务印书馆，四库全书影印本，1986年，第604—605页。

⑤《清实录》第三卷，中华书局，1985年，第480页。

（作者单位：北京古代建筑博物馆）

先农坛太岁殿建筑大木构架特征分析研究

孟　楠

先农坛始建于明永乐十八年（1420），是明清两代皇帝祭祀先农及进行亲耕耤田典礼的场所。先农坛作为北京中轴线重要的遗产组成要素，与天坛东西相对，具有较高的历史、艺术和科学价值。太岁殿位置基本在先农坛内坛的中心地带，建筑体量为先农坛之最，具有典型的明代建筑特征。

恰逢中轴线申遗工作大力推进的今天，随着工作的深入，越发感到将先农坛内文物建筑的时代特征加以梳理和研究，对于保护文物建筑的真实性大有裨益，它既是开展各项保护修缮工作的基础，也是恢复北京中轴线历史风貌的必要条件。故以《先农坛太岁殿建筑大木构架特征分析研究》为题，通过对太岁殿大木梁架的法式特征研究，并与宋《营造法式》和清工部《工程做法》相关制度进行对比，从太岁殿的平面形制、剖面构成、立面构成、斗拱等方面，对太岁殿的特征进行系统的分析研究，为先农坛文物建筑的保护与修缮提供依据，并为进一步研究明代官式建筑大木法式特征补充实物例证。

一、先农坛太岁殿建筑概况

太岁殿组群建筑占地约9076平方米，内有四座单体建筑，由南向北依次为拜殿、太岁殿，东西两侧各有厢房11间，建筑间由院墙连接构成封闭院落。太岁殿位置基本在先农坛内坛建筑的中心（图一）。通面阔七间46.69米，进深三间21.17米，十二椽十三檩，七架梁前后出三步梁，四柱，构架前后对称，单檐歇山建筑。斗拱为七踩单翘双昂溜金斗拱，挑金做法。建筑前檐七开间均设槅扇门，其余东、西、北三面为砖墙。室内为彻上露明造，黑琉璃瓦绿剪边挑大脊屋面。

二、太岁殿历史沿革

太岁殿的前身是明代山川坛正殿，始建于明永乐十八年。自建成以来，在历史上虽经过历次修缮，但大木构架仍保留了明代风格。

无论历史怎样变迁，先农坛的山川坛建筑群（明嘉靖时改称太岁殿建筑群）正殿，一直都供奉着太岁神，是皇家祭享场所[①]。1914年，民国政府设中华民国忠烈祠于太岁殿，祭奠黄花岗七十二烈士，一直沿袭到"七七事变"。1987年，太岁殿建筑群收归文物部门管理，同期进行了全面的抢救性修缮。1991年，以太岁殿建筑

图一　太岁殿南立面

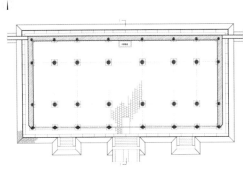

图二 太岁殿平面图

群为博物馆主要依托，北京古代建筑博物馆正式向社会公众开放。2001年，包括太岁殿在内的北京先农坛被公布为第五批全国重点文物保护单位。

三、太岁殿大木架构成

（一）平面构成

太岁殿平面布置呈长方形，平面柱网规整严谨、纵横有序、排列整齐（图二）。四柱一间为其基本格式。通面阔七间，46.69米，进深三间，21.17米，七间三进，且构架前后对称。

1. 明间面阔的确定

太岁殿明间面阔的确定与宋制、清制均不相同，还未形成用固定的攒当尺寸为单位来确定面阔的方式，但逐渐向清代规定的以斗拱间距11斗口的倍数靠拢。宋代建筑在设计时，先定地盘、侧样再置斗拱，因此面阔的尺寸在地盘设计中已确定，与铺作数量及铺作间距没有直接影响；清《工程做法》中规定："凡面阔、进深以斗科攒数而定，每攒以斗口数十一份定宽。"即以斗拱间距11斗口的倍数定面阔尺寸。如明间斗拱6攒，共7个攒当，每攒当11斗口，明间面阔即77斗口。

太岁殿、拜殿明间面阔合76.9斗口，斗拱6攒，明间斗拱攒当10.8—10.9斗口，数值虽不固定，但可以发现明间开间尺寸逐渐向清《工程做法》中规定的以斗拱间距11斗口的倍数靠拢。

2. 明间、次间与梢间开间尺寸的比例

太岁殿在开间尺寸的比例确定上与宋、清均不相同。宋《营造法式》仅举例："明间一丈五尺，次间一丈"，即次间为明间的2/3；清《工程做法》则规定："面阔按斗拱定，明间按攒当分，次间、梢间各逐减斗拱攒当一份。"清代每攒当合11斗口，即次间、梢间各逐减去11斗口。

同为七开间厅堂式建筑的拜殿与太岁殿开间尺寸比例确定上大致相同：明间=次间＞梢间=尽间（明间与次间、梢间与尽间尺寸大致相同），与宋式、清式做法不符（表一）。

3. 面阔与进深之比

从表二可以看出，面阔5至7间的明代建筑，通面阔与通进深比值取值比较灵活，上下变化较大，但多在2：1至3：1之间。

太岁殿因祭祀功能需要，需增加室内面积，但受建筑等级限制，面阔开间数量不能增加，因此只能加长进深尺寸来增加室内空间，因此太岁殿与拜殿虽然总面阔数值相近，但进深取值却相差很大。

表一 太岁殿、拜殿各开间尺寸表

太岁殿各开间尺寸表				
名称	明间尺寸	次间尺寸	梢间尺寸	尽间尺寸
各开间尺寸（cm）	831	793	571	555
折合成斗口数	76.9	73.4	52.8	51.3
拜殿各开间尺寸表				
名称	明间尺寸	次间尺寸	梢间尺寸	尽间尺寸
各开间尺寸（cm）	830	790	570	560
折合成斗口数	76.9	73.1	52.8	51.9

表二 明代厅堂建筑通面阔与通进深比例一览表

建筑名称	通面阔/通进深	平面形制
先农坛太岁殿	2.21/1	七间三进
先农坛拜殿	3.67/1	七间三进
先农坛庆成宫后殿	2.83/1	五间三进
先农坛神厨院西配殿	2.96/1	五间三进
社稷坛前殿	2.64/1	五间三进
故宫钟粹宫	2.35/1	五间三进

（二）剖面构成

太岁殿建筑大木构架基本承袭宋《营造法式》中厅堂式的基本结构形式（图三）。十二椽十三檩，单檐歇山式建筑，彻上明造。七架梁前后出三步梁，四柱，构架前后对称。

檐柱高6.2米，金柱高10.35米，建筑室内总高15.97米，檐下采用七踩单翘重昂溜金斗拱，挑金做法。其昂的后尾直接悬挑金檩。梁枋节点处施十字科斗拱，与面阔方向的一斗六升襻间斗拱相呼应。七架梁与随梁枋间置隔架斗拱，梁背上瓜柱采用骑栿做法。

1.举高与折屋曲线

从现存实例看，宋代屋面坡度较缓，建筑举高多在1∶4。至明代，建筑屋面举高进一步加大，屋顶定高逐渐以举架之法代替举折之法。

举高是指前后挑檐檩中心的水平距离（b）与挑檐檩上皮至脊檩上皮的垂直距离（h）之比。我国古建筑屋面曲线的确定，大体遵从两种制度：

（1）宋《营造法式》卷五"大木做制度二"举屋之法："如殿阁楼台，先量前后撩檐方心相去远近，分为三分。从撩

檐方背至脊榑背举起一分。"宋《营造法式》规定大体量的筒瓦厅堂取三分之一，即h∶b=1∶3。

（2）清《工程做法》之举架之法，一般以檐步五举开始，逐渐增大，至脊步达九举。太岁殿为十三檩建筑，清《工程做法》规定十三檩大木采用举架从檐步至脊步依次为五举、六举、六五举、七举、七五举、九举。

将太岁殿现状折屋曲线（红色线），与宋《营造法式》举折、清《工程做法》举架曲线进行比较（图四、图五），得出以下结论：

（1）太岁殿建筑现存屋架高跨比更

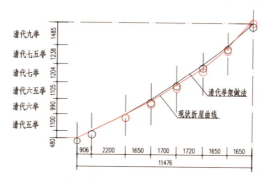

图四 与清《工程做法》举架曲线进行比较

图三 太岁殿剖面图

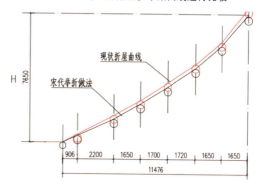

图五 与宋《营造法式》举折曲线进行比较

表三　先农坛内主要建筑举高比值表

名称	比值
先农坛庆成宫前殿	1：2.92
先农坛庆成宫正殿	1：2.6
先农坛神厨院东配殿	1：3

接近清代屋架高跨比；

（2）折屋曲线与清《工程做法》相近；

（3）脊步陡峻，脊步举高明显大于清代所规定的九举，脊步已达十举。

总的来说，太岁殿举高比值较接近清代，折屋曲线更接近清举架做法，只脊步更加陡峻。先农坛内其他主要建筑举高比值也多在1：2.6—1：3之间，举高较宋代明显陡峻（表三）。

2.各步架取值特点

太岁殿在各步架（梁架中，檩中至檩中的水平距离称为"步架"）架深取值上与宋、清代都有不同。《营造法式》卷四《材》规定：厅堂、廊屋最大用材为第三等，且"椽每架平不过六尺"[②]；清《工程做法》中规定："廊步按檐下皮十分之四，其余步架，按廊步八扣"。即檐步步架架深较大，其余各步架架深相等。

太岁殿步架由檐步至脊步依次为：2200mm、1650mm、1700mm、1720mm、1650mm，1650mm（表四），折合成斗口数后有如下两个特征：一是除檐步外，太岁殿金、脊各步架架深不完全相等，但金步和脊步的差距很小，已经逐渐趋向清代等步做法；二是檐步架架深超过金步、脊步。这是由于明代在檐下使用溜金斗拱，使昂的后尾直接悬挑金檩，与金檩紧密联系的做法加强了檐步、金步间的联系，为檐步加深创造了条件。

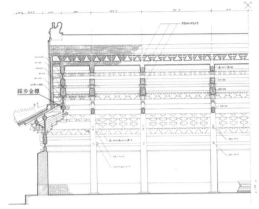

图六　太岁殿横剖图

3.歇山山面构架特点

随着举高的加大和山面收山的减少，明代歇山屋顶的正立面宽度更大，坡度更陡，形成了独具特色的风格（图六）。

4.收山

所谓收山，即山面正心檩中至山花板外皮的距离，歇山的收山值大小决定了建筑的外观特征。清《工程做法》规定歇山收山尺度为由山面檐檩中线向内收一檩径为山花板外皮位置。

太岁殿收山具有典型明代特征。其收山95cm，檩径48cm，向内收两檩径为山花板外皮位置；拜殿、具服殿收山亦为两个檩径，明代收山尺度大于清代所规定。

5.抹角梁

抹角梁位于建筑尽间转角处，与山面、檐面各成45度角。抹角梁在明代歇山建筑中应用普遍，其放置方式也与宋代有所不同，至清代，歇山很少采用抹角梁，较广泛使用顺趴梁做法。

太岁殿抹角梁两端放置在檐面和山面的平身科上，抹角梁端头藏于斗拱之中。抹角梁上放置驼峰及大斗，斗口内承托角梁并继续向后挑出，角梁尾部与搭交金檩

表四　步架架深

名称	檐步（mm/斗口）	金步（mm/斗口）				脊步（mm/斗口）
先农坛太岁殿	2200	1650	1700	1720	1650	1650
	20	15	15	16	15	15
先农坛拜殿	1850	1500	1500	—	—	1500
	17	14	14	—	—	14

扣搭相交，使角梁对搭交金檩形成悬挑式结构，这种做法具有明代特征，拜殿做法与太岁殿相同。

6.踩步金檩

明代踩步金檩，清代称踩步金。踩步金檩做法在明代极为普遍，至清代则为长方形踩步金的截面所取代。

明代踩步金檩形状与清代不同，为一根直檩，檩的平面位置与清代踩步金位置相同，标高与下金檩相同，并与之扣搭相交。先农坛太岁殿、拜殿、具服殿等歇山建筑中皆用踩步金檩做法。太岁殿踩步金檩上置一块通长的木板，用以遮挡椽尾。紧贴檩上皮为木枋，高28cm，厚25cm，山面檐椽直接搭在枋上。

（三）立面构成

1.檐柱径与檐柱高之比

宋代实例建筑中，檐柱径与柱高之比在1/10—1/7左右，大多在1/9—1/8左右[3]；清《工程做法》中规定檐柱柱径为6斗口，柱高为10个柱径，即60斗口，檐柱径与柱高比为1：10。

太岁殿建筑柱径换算成斗口数后，为6.4斗口，柱高57.4斗口，檐柱径与柱高比为1：9，拜殿檐柱径与柱高比为1：8.5，太岁殿檐柱径与檐柱高之比更接近宋制，较清代建筑略粗壮一些（表五）。

2.檐柱高与明间面阔之比

宋《营造法式》中规定"柱虽长不越间之广"，清《工程做法》中规定明间置六攒平身科斗拱的宫殿式建筑，面阔77斗口，柱高60斗口，即柱高为面阔的77.9%。

太岁殿檐柱高57.4斗口，明间面阔76.9斗口，柱高为面阔的74.6%，拜殿柱高为面阔的60%，具服殿为56.6%，庆成宫正殿为63.3%。

太岁殿看起来比值和清代相近，但实

际上是檐柱有意增高的缘故。太岁殿及拜殿斗口值均为10.8cm，拜殿柱高近5m，而太岁殿柱高却达6.2m，显然，太岁殿的檐柱高度是根据功能需要有意增高的。所以说，先农坛内主要建筑在檐柱高与明间面阔之比例关系上基本遵循宋代"柱虽长不越间之广"的规定。

3.斗拱与檐柱、举高之比

宋、元时期斗拱硕大。明代起，斗拱层高度已经大大减小，占立面总高多在10%—12%，而清代斗拱高度占立面高度的比例较之明代则又减小了许多，占立面总高度的5%—10%。[4]

先农坛内主要建筑斗拱高占立面7.5%—13%，较宋代斗拱层高度已急剧减小，这与明代斗拱用材骤减有关。太岁殿檐柱高、斗拱高与举高之比为41：10：49，拜殿为47：12：41，庆成宫正殿44：11：44。太岁殿、拜殿等建筑斗拱高度占立面高度的比例呈宋清两时期过渡特征。

4.生起

总的来说，太岁殿生起做法具有宋清两代过渡时期的特点。宋《营造法式》中规定："至角则随间数生起角柱，若十三间殿堂，则角柱比平柱生高一尺二寸，十一间生高一尺，九间生高八寸，七间生高六寸，五间生高四寸，三间生高二寸。"至清代，外檐柱生起做法基本消失，改为等高。

太岁殿总生起2.2寸，从明间至尽间生起值依次0.6寸、0.8寸、0.8寸，相比于宋代而言，太岁殿生起大幅度减弱，但仍然保留了这种做法痕迹。

四、斗拱

（一）明代斗拱与宋代比较

表五 太岁殿柱径尺寸表

建筑名称	檐柱径（cm）	檐柱径合斗口数	檐柱高（cm）	檐柱高合斗口数	斗口取值
太岁殿	69	6.4	620	57.4	10.8
拜殿	59	5.4	499	46	10.8

明代斗拱较宋代斗拱相比有很多变化，主要表现为：一是斗拱用材骤减，斗拱尺寸变小。太岁殿斗口值为10.8cm，折合营造尺3.4寸，相当于宋《营造法式》规定的七等材，即小殿及亭榭建筑。斗拱用材较宋代建筑有明显下降。二是斗拱排列繁密，由宋代当心间的一攒至两攒变为四攒、六攒、八攒。三是斗拱向外挑出尺度减小。

造成这些变化的原因有以下三个方面：一是元代以前大木构架分为上部屋架层、中部斗拱层、下部柱框层，大木构架整体性不是很强，斗拱承载和悬挑檐步的作用十分重要。及至明代，柱子向上延伸直接与梁相接，而梁头直接伸出承檩，梁头的承载能力加强，柱头梁栿取代柱头斗拱的部分功能而并入木构架体系，使大木构架整体性增强；二是受木材短缺的影响，明代建国后营造活动较多，建筑用材获取困难；三是明以前的建筑中，斗拱出挑深远主要是为保护檐下土墙不受雨水侵蚀，而明代砖的大量生产及应用，也是造成斗拱挑出尺度减小的原因。

（二）清代斗拱与明代比较

1. 溜金斗拱：太岁殿平身科为七踩单翘重昂溜金斗拱，挑金做法。其昂的后尾直接悬挑金檩，两层起称，三层挑杆构造（图七）。从斗拱形式上看，有独特的作法并保留了明代的特征。

（1）折点位置不同。明代溜金斗拱折点位置常不固定，即杆件的折点位置不同；而清《工程做法》规定一律以斗拱正心缝为折点，即杆件的折点位置相同。太岁殿、拜殿上部的要头以挑檐檩为折点，而下部斜杆则以正心枋中线为折点，要头与下部斜杆折点不同，具有典型明代特征。

（2）真昂做法。明代溜金斗拱常使用内外均为一个整体斜向构件的真下昂，具有较强的悬挑功能；而清代，昂外拽平置，内拽为斜向的构件，不具悬挑功能。太岁殿斗拱上部挑杆为真昂，具有明代特征。

（3）多重挑杆叠置是明代溜金斗拱的又一特征。明代由于用材骤减，斗拱各构件用材随之减小，而檐步架架深并未减小，为了满足斗拱的承载能力，以多重叠合构件的做法解决这一问题，太岁殿为两层起称，三层挑杆构造。

2. 襻间斗拱：宋代建筑在檩之下，常采用襻间枋和襻间斗拱。明代承袭宋代做法，在檩下采用襻间斗拱，作为檩和枋之间的隔架构件。至清代，在檩下金枋之上用一块垫板取代明代之襻间斗拱，其做法洗练简洁，二者有明显区别。太岁殿襻间斗拱为一斗六升重拱（图八），拜殿为一斗三升做法。

3. 十字科：指檩、梁、柱交接点上起承托和传递檩上荷载作用的斗拱，明代建筑梁头下常采用十字科斗拱，即在童柱或驼峰上置大斗、大斗上置十字交叉拱。这种形式至清代更趋简化，逐渐以梁下短柱（瓜柱）代替十字科做法。

太岁殿、拜殿梁下均使用十字科斗

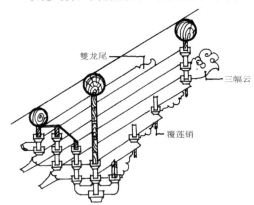

图七 太岁殿溜金斗拱平身科侧样

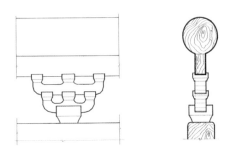

图八 太岁殿襻间斗拱立面、剖面图

表六 太岁殿梁截面尺寸表（单位：斗口）

建筑名称	三架梁（高×厚）	五架梁	七架梁	单步梁	双步梁	三步梁	高厚比平均值
太岁殿	5.45×4.36	6.3×5.1	8.1×6	5.2×3.6	5.3×4.5	8.6×5.5	2.6：2

拱，具有典型明代特征。当十字科用于七架梁（或五架梁）与金柱之间时，为与面阔方向的襻间斗拱相呼应，十字科下不设驼峰；在三架与五架梁之间、五架与七架梁之间十字科下施加驼峰。

4.隔架科：荷叶墩雀替多用于梁与随梁枋空当之中。常施加一攒或两攒，其下部为荷叶墩，中部为大斗，上部为瓜拱，瓜拱上承托雀替。这种做法一直沿用至清代。而清代隔架科斗拱雀替长度较荷叶墩长，表现出横向更为舒展的特点，此为明清做法不同之处。

太岁殿隔架科位于七架梁与随梁枋之间，雀替与荷叶墩长度相差不大，立面高宽比例上更为方正，具有典型的明代特征。

5.雀替与丁头拱：明代建筑一般会在梁枋与柱的节点处施加雀替或丁头拱，以增加节点处榫卯的拉结作用，二者有时同时使用，有时单独用于梁下；而清代在梁柱节点处做法趋向简单，通常将梁做榫直接插入柱中，节点处较少采用雀替或丁头拱等拉结构件。

太岁殿与拜殿的梁柱节点处多施加雀替或丁头拱，具有典型明代特征。例如：单、双步梁与金柱节点处施加丁头拱，桃尖梁与金柱节点处施加丁头拱托雀替。

6.斗拱细部做法：

（1）齐心斗：明初沿袭宋代旧制，在要头之上放置齐心斗的做法仍较普遍；至清代，这种做法在木构建筑中已基本取消。太岁殿要头为单材，上置齐心斗，拜殿、具服殿也呈此做法，具有明代特征。

（2）柱头科昂翘等宽：明代，柱头科斗拱翘昂为等宽做法；清代，自头翘至昂宽度逐层递增。太岁殿、拜殿柱头科斗拱翘与昂由下向上为同宽，这与清代柱头斗拱翘与昂由下向上逐层加宽的作法不

同，是明代特征。

（3）昂：明代及清早期斗拱昂下有假华头子，清中期后取消。且明昂嘴下皮线向外延伸至十八斗附近。太岁殿、拜殿斗拱符合明代特征。

五、大木构件分述

（一）梁类构件

宋《营造法式》中规定："凡梁之大小，各随其广分为三分，以二分为厚"，即梁高宽比为3：2的比例关系；清《工程做法》则规定多在6：5的比例关系。明代梁栿截面呈由宋代至清代过渡特征（表六）。

从梁身形态特点来看，太岁殿主要梁构件截面四角微抹，梁背中部为平面，两侧为圆滑的曲面，局部梁头存在弧形线角（图九）。这与先农坛内其他建筑上（拜殿、神牌库）梁构件特点形制相似。至清代，梁身这种弧面效果逐渐减弱，被四棱见线的裹棱做法所取代。

从截面比例来看，太岁殿三架梁高宽比10：8、五架梁高宽比10：8.1、七架梁高宽比10：7.4，拜殿五架梁高宽比

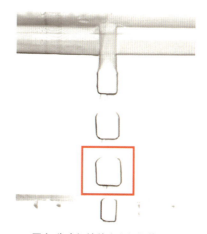

图九 先农坛神牌库七架梁截面

10：8.2。梁架断面比例不像宋制窄长，呈宋清两代过渡时期特征。

从梁断面高度来看，明代梁栿断面高度折合成斗口数后，明代就远大于宋《营造法式》规定数值。这也是由于明代斗拱取值骤减所致。

太岁殿梁高较大于宋《营造法式》中规定数值，比清《工程做法》规定的梁高8.4斗口略小。以七架梁为例，《营造法式》梁栿高之材分数为六至八椽栿，栿高60分[5]，七等材合21寸。而太岁殿七架梁高89cm，合28寸，8.2斗口。相应的，五架梁和三架梁也呈同样趋势。

（二）枋类构件

1. 额枋

清《工程做法》中规定：大额枋以斗口六份定高，以本身高收两寸定厚，约等于6：5，其高厚比接近正方形。这个比例与梁的断面比例十分接近，说明清代梁、枋断面接近方形。明代建筑则不然，太岁殿额枋高750mm、厚435mm；拜殿额枋高780mm，厚420mm，高厚比接近10：5，与清代6：5的比例不符，额枋显得窄长。

2. 平板枋

平板枋置于额枋之上，承接斗拱。宋代称普拍枋，其宽度大于阑额，与阑额呈T字形；清代平板枋宽度明显小于额枋之厚，仅三斗口。明代平板枋介于二者之间，宽度与额枋之厚相近，太岁殿平板枋高250mm、厚370mm（额枋厚435mm）；拜殿平板枋高260mm、厚400mm（额枋厚420mm），平板枋厚度与额枋厚度接近。

（三）柱类构件

1. 檐柱柱径

太岁殿檐柱柱径换算成斗口数后，其柱径取值大于宋材份制规定，更趋近清斗口制特征（表七）。檐柱柱根直径除个别不同外，多为690mm，檐柱柱顶直径在620mm至640mm不等。金柱柱根直径除个别不同外，基本在760mm，柱顶直径则变化较大，金柱柱顶直径在630mm至650mm不等，最大的一根直径为670mm。

表七　太岁殿柱径尺寸表

建筑名称	檐柱径（cm）	檐柱径合斗口数
太岁殿	69	6.4
拜殿	59	5.4

宋《营造法式》中规定："凡用柱之制，若厅堂柱即径两材一栔"即36分，换算成斗口数后即3.6斗口（斗口取10分）；清《工程做法》中规定檐柱高按斗口60份，径按斗拱口数六份（即6斗口）。太岁殿斗口10.8cm，即6.4斗口，换算成斗口数后其柱径取值更趋近清制特征。

2. 收分

宋代建筑之柱，采用梭柱。《营造法式·大木作制度二》中明确阐释了梭柱之法：是在收分的基础上，将柱分为三段，上段杀成梭形；而清代建筑的柱类构件通常都有收分，一般按檐柱高的1%，但并不做卷杀。明代建筑之柱，多采用梭柱形式。[6]翻阅先农坛早期修缮资料发现先农坛诸殿亦为此做法。经过计算，得出太岁殿柱子均有收分，檐柱收分率在0.9%—1.2%。[7]

3. 瓜柱

明代瓜柱除有卷杀外，柱径尺寸也远远大于清代，因此当瓜柱置于梁上时，两侧宽于梁身厚度，于是采用不同的办法放置瓜柱。一是采用骑栿做法，在太岁殿、拜殿、具服殿均有采用，是明代厅堂构架中常见的做法（图十）。如太岁殿明间下金檩下瓜柱柱根两侧呈鹰嘴式样。二是大斗承瓜柱。如太岁殿稍间踩步金檩下瓜柱柱脚以大斗垫托，置于桃尖梁背。

六、小结

总的来说，太岁殿平面柱网规整严谨、纵横有序。大木构架规整、前后对称，基本承袭宋《营造法式》中厅堂的基本结构形式。七架梁前后出三步梁，四柱，构架前后对称。檐柱高与明间面阔比值基本遵从宋《营造法式》中规定"柱虽长不越间之广"的原则，檐柱

图十 瓜柱骑栿做法

径与檐柱高之比更接近宋制，较清代建筑略粗壮一些。大木构件加工也力求细致、美观，例如：梁身的形态、瓜柱骑栿、柱子做法等。

斗拱取材比宋制明显降低，斗拱做法，包括梁枋节点处做法、檩下斗拱承托节点的做法、丁头拱做法，歇山山面构造做法，例如：抹角梁做法、踩步金檩做法等具有典型明代特征。

在屋面坡度确定上，更趋向于举架法，脊步陡峻，明显大于清代所规定的九举。明间面阔的确定与宋制、清制均不相同，还未形成用固定的攒当尺寸为单位来确定面阔的方式，但逐渐向清代规定的以斗拱间距11斗口的倍数靠拢。金步和脊步

的差距很小，已经逐渐趋向清代等步做法。大木构件取值远大于宋《营造法式》规定数值，更趋向于清制做法，但大木构件高厚比，如梁、枋的断面比例具有宋、清两代过渡时期特征。

总的来说，太岁殿在承继宋代建筑风格、构造做法的基础上又继续向前发展，出现了许多有异于宋代建筑的特点，形成了自己的风格。

①董绍鹏：《北京先农坛的太岁殿与明清太岁崇拜》，《北京民俗论丛（第六辑）》，中国社会科学出版社，2019年，第86页。

②潘谷西、何建中：《〈营造法式〉解读》，东南大学出版社，2005年，第52页。

③潘谷西、何建中：《〈营造法式〉解读》，东南大学出版社，2005年，第50页。

④牛筱甜：《北京故宫养心殿养性殿大木作比较研究》，北京建筑大学硕士学位论文，2020年。

⑤潘谷西、何建中：《〈营造法式〉解读》，东南大学出版社，2005年，第70页。

⑥马炳坚：《中国古代建筑木作营造技术》，科学出版社，2003年，第310页。

⑦汤羽扬、杜博怡、丁延辉：《三维激光扫描数据在文物建筑保护中应用的探讨》，《北京建筑工程学院学报》2011年第4期。

（作者单位：北京古代建筑博物馆）

早期东西方文化交流的新物证：釉砂

王颖竹

四川大学霍巍先生曾谈到，受"宏大历史"传统影响，蕞尔小物的珠饰研究始终不昌，不如黄钟大吕、九鼎八簋那么气派，难以进入主流考古学领域①。釉砂不仅是蕞尔小物，而且其发现与研究都是较为晚近的事情。可喜的是近十几年，通过釉砂探索早期中外交流史取得了很多重要成果，成为观察青铜时代东西方技术传播与文化交流的一个窗口。

釉砂是一种外观和原料上都与玻璃相似的材料，由石英砂、碱性助熔剂和着色剂构成。塑成一定形状后，加热到900℃左右而成。其表面的石英颗粒熔融后，形成一层薄而光亮的釉；胎体的石英颗粒内部仍然保持晶体状态，表面则在高温下与碱性助熔剂熔融形成少量隙间玻璃相，隙间玻璃相将石英颗粒胶结起来，构成有一定强度的胎体②。釉砂有三种施釉工艺：风干施釉（Effloresence glazing method）、包埋施釉（Cementation glazing method）、直接施釉（Application glazing method）。不同施釉工艺制成的釉砂，具有不同的显微结构特征③。如果工艺问题主要从技术史角度研究釉砂，那么原料问题则不仅涉及技术史，而且涉及东西方文化交流史。

不同地区使用不同原料制作釉砂，釉砂的成分也因此不同，因而釉砂的成分类型往往成为研判其产地的重要依据。在世界范围内，最早的釉砂首先出现于近东地区和埃及地区，年代约在公元前5千纪末期至公元前4千纪早期，公元前3千纪前后印度河谷也开始出现釉砂④，这些地区使用天然泡碱或富钠植物灰作为熔剂原料，制成的釉砂氧化钠含量较高，属于高钠类型④。在中国中原地区，釉砂最早出现于公元前1000年前后，时代约在西周早中期，延绵发展至春秋时期，战国时期式微⑤⑥⑦。本文所说的"早期中国釉砂"主要指的是西周时期的釉砂，使用富钾原料，主要为高钾类型⑧。

西方釉砂出现时间早于西周时期釉砂三千余年，且中国最早的釉砂为西方的高钠类型，学者普遍认为西周釉砂的出现受到了美索不达米亚和/或埃及的影响⑨⑩。近几年，随着欧洲釉砂数据的刊布和中国相关研究成果的积累，为重新审视西周釉砂所受外来因素问题提供了新的材料。

一、西周釉砂出土概况

西周时期釉砂主要出自黄河中下游地区。根据目前的统计材料，出土西周时期釉砂的墓地主要位于甘肃、陕西、山西、河南等地，年代涵盖西周早中期至西周晚期。近几年，长江中游地区也发现西周中期以来的釉砂制品（图一）。

釉砂的主要器形为素面的管状、珠状、纺锤形状，此外还有一类特殊造型的釉砂，器表饰整齐排列的乳钉纹（图二）。西周时期釉砂多与玉饰、红玛瑙、绿松石、蚌贝等组合成串饰，以素面管、

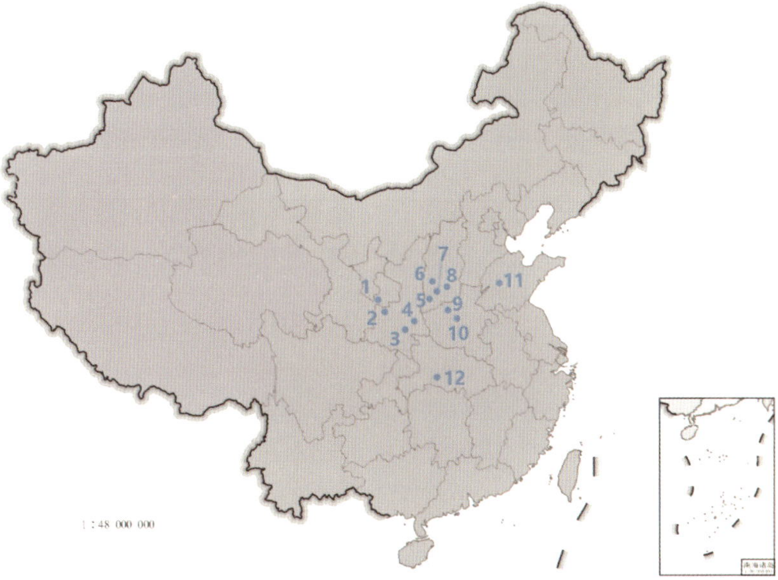

二、西周釉砂与外来因素

（一）来自科技考古的证据

在广义的中原地区，经过成分分析，目前最早的釉砂出自河南平顶山应国墓地西周早期贵族墓葬M231，该墓所出的三件料珠样品，SiO_2含量超90%，Na_2O含量0.55%—1.2%，其他氧化物如CaO、MgO、K_2O皆小于1%，无法判别成分类型[⑥]。除应国墓地M231外，大部分出土釉砂的墓葬年代集中在西周早中期至

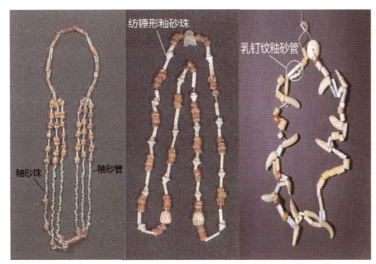

图一 西周时期釉砂分布示意图

1.甘肃于家湾墓地；2.陕西弢国墓地；3.陕西少陵原墓地；4.陕西张家坡墓地；5.山西倗国墓地；6.山西天马曲村墓地；7.山西羊舌墓地；8.山西大河口墓地；9.河南洛阳中州路；10.河南应国墓地；11.山东鲁国墓地；12.湖北万福垴墓地

珠为大宗，菱形釉砂次之，乳钉纹或乳突饰釉砂较少。釉砂出土墓葬的墓主身份级别，主要以考古报告给定的结果为依据，分为国君或国君夫人、贵族、平民三个大类，另有一些墓主身份不详，总的来看以贵族墓葬为主。

春秋早期，包括甘肃崇信于家湾墓地，陕西宝鸡竹园沟墓地、韩城梁带村墓地，山西晋侯墓地、横水倗国墓地、翼城大河口墓地，河南三门峡虢国墓地，上述墓葬所出釉砂既有高钠类型，也有高钾类型。从上述报告给定的年代来看，西周时期最早的高钠釉砂出自山西天马-曲村晋侯墓地M113，年代为西周早中期。渭河平原东邻汾河谷地，是整个西周时期王朝的核心区。渭河流域南岸的陕西宝鸡竹园沟墓地M5发现了目前最早的高钾釉砂，年代为西周中期偏早，比高钠釉砂出现的时间稍晚。中国本土高钾釉砂出现年代晚于高钠釉砂，甘肃崇信于家湾墓地同时发现高钠釉砂和高钾釉砂，强烈暗示中国本土釉砂的起源受到了外来因

纺锤形釉砂珠

乳钉纹釉砂管

釉砂珠 釉砂管

茹家庄BRM1乙:278　　竹园沟BZM9:33　　张家坡M216:12

图二 西周出土釉砂的基本器形

素的影响[5]，这种外来因素通常指向美索不达米亚和埃及[9][11]。

近十年来，随着印度河流域，特别是欧洲釉砂数据的积累，可兹参照的研究对象增加。同时，中国学者开始采用微区分析方法开展釉砂研究，使得中国釉砂的数据能够与西方釉砂数据在同一层次进行有效的比较研究，促进了对中国本土釉砂外来因素进一步的探索。

事实上，相比于埃及、两河流域、印度河谷的高钠釉砂，中国高钾釉砂的成分[7][9][12]和欧洲的混合碱类釉砂[13][14][15][16][17][18][19]更相近。图三是目前旧大陆范围已发表釉砂数据主要熔剂的汇总，可以看到印度河谷与埃及的釉砂数据重叠，明显有别于欧洲混合碱和中国釉砂，而一部分欧洲混合碱釉砂数据与中国釉砂的数据重叠（红色圆框区），说明有一部分中国釉砂属于混合碱类型。另外，中国本土的高钾釉砂没有与其他地区的数据重叠（黑色方框区），显示出本土特色。有学者也曾指出，中原地区的早期釉砂以富钠和混合碱的西方助熔剂体系为主，西周中期出现本土特色的富钾釉砂。[20]

（二）来自传统考古的证据

科技考古方面的证据将中国本土釉砂更多地与欧洲联系起来，而西周时期出土的乳钉纹釉砂则从传统考古的角度强化了这种联系。陕西宝鸡强国墓地、张家坡墓地和山西横水倗国墓地出土有乳钉纹釉

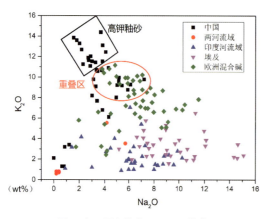

图三　东、西方釉砂Na_2O/K_2O散点图

砂。这种乳钉纹釉砂主要分布于公元前3千纪末至公元前2千纪初的北高加索山麓的草原地带、里海西北部、黑海的草原地带，是这一地带釉砂的特征器形[14]。中国渭水流域和汾河谷地发现这种釉砂，为西周釉砂与东欧釉砂的联系增加了一个维度的证据。从时间序列来看，东欧地区的乳钉纹/乳突饰釉砂主要在公元前2千纪之前，中国中东部地区的发现则是西周早中期，年代在公元前1千纪之后，说明西周时期发现的乳钉纹或乳突饰釉砂可能受到了东欧地区的影响。这可能从一个侧面反映出长时段、远距离的文化传播。

当然，受限于东欧地区和中国中东部地区的广大中间地带——欧亚草原、中亚地区刊布的釉砂材料十分有限，因此把东欧地区和中国中东部地区釉砂的相似性直接关联起来，显然是简单粗暴的做法。但是欧亚草原辛塔什塔文化的有关发现可能对我们有一些启发。

辛塔什塔文化遗址和墓地主要集中在乌拉尔河和额尔齐斯河支流托博尔河之间，该文化形成时间可能早到公元前2千纪初，年代下限应该到公元前16世纪。[21]目前草原文化最早的釉砂来自辛塔什塔文化，该文化的遗址和墓葬中发现有乳钉纹釉砂和乳突饰釉砂[22]。这一发现将其与北高加索地区联系起来，而出土釉砂的辛塔什塔遗址地处高加索地区和中国之间，那么包括辛塔什塔在内的北方草原文化，在乳钉纹/乳突饰釉砂自西向东传播的过程中，是否充当了中继站的角色，很值得深入探讨。西周时期墓葬的发现或许会为该问题提供一点初步的认识。

西周中期开始出现一种梯形牌饰，山西横水倗国墓地M1，天马-曲村晋侯墓地I11M31、M92，平顶山应国墓地M85、M96、M107均发现有这类梯形牌饰，其中山西倗国墓地M1和河南应国墓地M85的年代为西周中期，其余墓葬的年代为西周晚期。这种横向上保持一致的串饰具有典型的北方草原文化因素，辛塔什塔文化墓葬

中就出土过类似串饰[23]。这说明西周时期发现的梯形牌饰可能有来自草原文化的影响（图四）。有趣的是，西周时期这类梯形牌饰上往往都有釉砂珠饰。

近两年，新疆釉砂的发现与研究有很多突破进展。新疆温泉县阿敦乔鲁遗址（1900BC—1500BC）[26]、乌鲁木齐萨恩萨依遗址（1700BC—1500BC）[27]、哈密天山北路墓地（1500BC—1400BC）[28]与亚尔墓地（1050BC—910BC）[29]均发现了釉砂，新的发现不仅将中国境内釉砂出现的最早时间提前至公元前2千纪初，而且促使学者深入考察西方釉砂向东传播的具体路径。杨益民[30]主张西方釉砂从新疆经河西走廊进入中原地区。林怡娴[28]则认为新疆釉砂的成分类型与器形都不同于中原地区，新疆在釉砂东传中的作用需要重新审视。传播路径的研究仰赖于化学成分和器形的比较，前者则又要求数据有一定的精度，不同学者的数据有可对比的基础。前文已述，中原地区一部分釉砂属于欧洲混合碱类型，而新疆地区的釉砂也以混合碱类型为主，从这个角度来看，新疆在釉砂自西向东传播过程中的作用仍然不能忽视。

三、结语

综合来看，釉砂最早突然出现于西周时期的墓葬中，应该受到了外来因素的影响，相较于釉砂的起源地区——美索不达米亚和埃及，西周釉砂与东欧的联系似乎更加密切。西周釉砂包含混合碱釉砂、乳钉纹釉砂的器形特征和梯形牌饰的组合方式，无不与北高加索地区存在千丝万缕的联系。这种长时段、远距离的联系可能是通过欧亚草原建立起来的，这一点有待未来欧亚草原上更多的发现证实。

需要强调的是，虽然西周釉砂受到欧洲影响的可能性很大，但考虑到目前中原地区最早的釉砂仍然为高钠类型，所以不能完全排除受两河流域、印度河流域乃至埃及影响的可能性。近年来，西藏阿里地区一处公元前2千纪后半段遗址发现高钠釉砂，很可能受到印度河谷的影响[31]，这一发现似乎暗示了印度河流域釉砂东向传播的可能性。当然，西藏阿里地区和中原地区的中间地带还缺乏考古证据将两地的釉砂联系起来，但这显然是一个值得期待的空白领域。无论是两河流域、印度河流域和埃及的高钠釉砂，还是欧洲的混合碱釉砂，两者同时存在于中原地区，显示西周釉砂所受的外来影响或传播路径可能并非一维的或单线的。

致谢：本研究得到了中国社会科学院考古研究所安家瑶研究员，山东大学文化遗产研究院马清林教授，北京科技大学科技史与文化遗产研究院陈坤龙教授、马泓蛟副教授，北京大学考古文博学院崔剑锋副教授，中国社会科学院考古研究所丛德新研究员，中国科学院科技史与科技考古系杨益民教授的指导和支持。英国剑桥大学麦克唐纳考古研究所Miljana Radivojevic博士提供并翻译了俄文文献。西北大学文化遗产研究院谭宇辰博士提供了有益的线索和材料。谨此致以衷心的感谢！

山西横水倗国墓地C型串饰M1:114[24]　　辛塔什塔串饰[25]

图四　山西横水倗国墓地和辛塔什塔的梯形牌饰

①霍巍：《蕞尔小物与大千世界》，见赵德云：

《西周至汉晋时期中国外来珠饰研究》序，科学出版社，2016年。

②安家瑶：《玻璃器史话》，社会科学出版社，2011年，第7页。

③Vandiver P B: "Raw materials and fabrication methods used in the production of faience", In: *Production technology of faience and related early vitreous materials.* Oxford University School of Archaeology, 2008, pp47-54.

④Tite M S, Shortland J: *Production technology of faience and related early vitreous materials,* Oxford University School of Archaeology, 2008, pp7.

⑤干福熹等：《中国古代釉砂的科学研究》，《中国古代玻璃技术发展史》第5章，上海科学技术出版社，2016年，第49—67页。

⑥董俊卿、胡永庆、干福熹等：《河南平顶山应国墓地出土蓝绿色料珠和料管的分析》，见《平顶山应国墓地》，大象出版社，2012年，第847—862页。

⑦王颖竹：《两周时期费昂斯技术研究》，北京科技大学博士学位论文，2019年。

⑧Brill R H, Tong S, Zhang F: *The chemical composition of a faience bead,* Journal of Glass Studies, 1989, vol 31.

⑨Lei Y, Xia Y: "*Study on production techniques and provenance of faience beads excavated in China*", Journal of Archaeological Science, 2015, vol 53.

⑩李青会、董俊卿、干福熹：《中国早期釉砂和玻璃制品的化学成分和工艺特点探讨》，《广西民族大学学报（自然科学版）》2009年第4期。

⑪张治国、马清林：《崇信于家湾西周中期费昂斯珠研究》，见《崇信于家湾周墓》，文物出版社，2009年，第168—175页。

⑫张福康、程朱海、张志刚：《中国古琉璃的研究》，《硅酸盐学报》1983年第1期。

⑬Santopadre P, Vert A M: "*Analyses of the production technologies of Italian vitreous materials of the Bronze Age*", Journal of Glass Studies, 2000, vol 25.

⑭Shortland A, Shishlina N, Egorkov A: "Origin and Production of Faience beads in the North Caucasus and the Northwest Caspian Sea Region in the Bronze Age", *In: Les cultures du Caucase: leurs relations avec le Proche-Orient,* 2007, pp269-283.

⑮Angelini I, Artioli G, Bellintani P, et al: "Protohistoric vitreous materials of Italy: from early faience to final bronze age glass", In: *Annales du 16e Congres de l'Association Internationale pour l'Histoire du Verre,* Nottingham, 2005, pp32-36.

⑯Angelini I, Artioli G, Polla A, et al: "Early bronze age faience from north Italy and Slovakia: a comparative archaeometric study", In: *34th International Symposium on Archaeometry,* 2006, pp371-378.

⑰Sheridan A, Eremin K, Shortland A: "Understanding Bronze Age faience in Britain and Ireland", In: *Materials Research Society Symposium Proceedings,* 2005, pp217-229.

⑱Gratuze B, Janssens K: Provenance analysis of glass artefacts, Comprehensive Analytical Chemistry. 2004, vol 42.

⑲Towle A C: *A scientific and archaeological investigation of prehistoric glasses from Italy,* University of Nottingham, 2002.

⑳陈天然、崔剑锋、黄文新、史德勇、向光华：《湖北宜昌万福垴遗址出土费昂斯珠科技分析与研究》，《文物保护与考古科学》2021年第1期。

㉑Anthony, David W: *The Horse, the Wheel and Language: How Bronze-age Riders from the Eurasian Steppes Shaped the Modern World,* Princeton University Press, 2008.

㉒Виноградов Н. Б. *Могильник бронзового века. Кривое Озеро в Южном Зауралье,* Южно-ральское книжное издательство, 2003, pp239-240.

（下转第103页）

智化寺民国时期文物流散考

杨 薇

智化寺建成于明正统九年（1444），是明英宗宠信的司礼监太监王振所建，为皇城东部一座大型寺院。整体寺院布局严谨、规模宏大，是北京市内保存较完整的明代木结构建筑群，在建筑学上具有非常高的研究价值。同时，智化寺又是一处汇集古乐、造像、雕刻、彩绘等传统文化艺术的宝库，1961年被国务院确定为首批全国重点文物保护单位。

明代的智化寺由于受到了皇家的眷顾，香火鼎盛；清朝初年，甚至出现了智化寺的住持兼任皇家寺院万善殿住持的情况，直到清乾隆七年（1742）御史沈廷芳的一封奏折才让智化寺由盛转衰。民国时期，智化寺建筑毁败，寺院以出租房屋度日，许多珍贵的文物陆续流散。本文以《北平智化寺如来殿调查记》和《北平研究院北平庙宇调查资料汇编（内一区卷）》的历史照片为主，加之史料记载，来梳理民国时期智化寺文物流散的情况。

一、古建筑的拆除和古建筑构件的流失

（一）智化寺东、西两侧建筑的拆毁

智化寺繁盛时期占地两万多平方米，从老照片和民国时期的寺院平面图中可以看到，智化寺在民国时期仍保存有五进院落，采用中轴线左右对称的廊院式布局。"智化寺之交通，约可分中、左、右三路，而中路又可析为前、后二者。"[①]通过对比绘制于20世纪30年代初期的"北平智化寺实测平面图"（图一）和"智化寺

全部平面图"（图二），可以看到智化寺三路布局基本保存完整，中路主体建筑为山门、钟鼓楼、智化门、藏殿、大智殿、

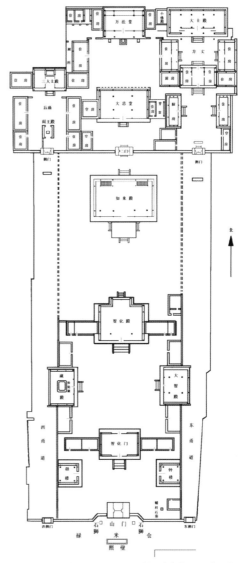

图一 北平智化寺实测平面图（引自刘敦桢：《北平智化寺如来殿调查记》）

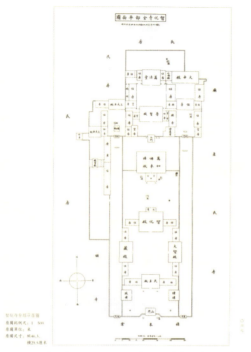

图二 智化寺全部平面图（1931年）（引自《北平研究院
北平庙宇调查资料汇编（内一区卷）》）

图三 山门及山门外跨街影壁历史照片
（引自刘敦桢：《北平智化寺如来殿调查记》）

智化殿、如来殿（万佛阁）、大悲堂和万
法堂；东路自东门向北延伸，直达方丈
院；西路自西门向北延伸，直达关帝殿。
"北平智化寺实测平面图"更侧重于建筑
测绘，绘制了主要建筑的柱网结构，而
"智化寺全部平面图"对如来殿（万佛
阁）之北的建筑绘制更为细致，这两幅地
图互相补充，共同勾勒出民国时期智化寺
建筑的整体布局。经过近百年的城市建
设，如今智化寺仅保留了中轴线上的四进
院落，形成南北长、东西窄，平面呈不规
则矩形的格局，总占地面积也仅剩5000多
平方米，东、西院落的诸多建筑、中轴线
上最北侧的万法堂和最南侧的山门外跨街
影壁被拆除（图三），随着本体建筑的拆
除，殿内的文物也一道消失在历史的尘埃
中。

（二）智化寺下院——双松寺的消失

双松寺是智化寺下院，距智化寺东
南约三百米远，为智化寺第二十三代和尚
怡修所建。该寺坐南朝北，前殿为硬山卷
棚式，供有关羽、周仓和韦陀；后殿亦为

硬山卷棚式，供有铜质观音和一些小佛
像，前后殿之间有东西配房各六间。院内
原有古松两株，寺名由此而来。据《北平
研究院北平庙宇调查资料汇编（内一区
卷）》记载："双松寺位于内一区大雅宝
胡同五十八号，始建年代不详。坐南朝
北，寺内建筑有三大士殿及配殿。民国
十八年（1929）寺庙人口登记时有普远等
2人。"[2]根据1928年和1936年北平市政
府两次寺庙登记的记载："双松寺 坐落
内一区大雅宝胡同五十七号，同治十年自
置，光绪十一年重修，属自建。本庙面积
四亩八分，殿房平房共四十八间。管理及
使用状况为本寺收支略维现状生活。庙内
法物有木像泥像共八尊。"[3]"总57 双
松寺（僧庙） 坐落朝阳门内大雅宝胡同
五十七号，建于光绪十九年，属私建。不
动产土地四亩六分九厘，房屋四十八间，
走廊三间。管理及使用状况为自行管理，
焚修弘法。庙内法物有泥质佛像四尊，铜
佛像两尊，木质佛像八尊，木质花瓶一
对，磁香炉两个，铁钟一口，泥神像两
尊，另有柏树两棵，小榆树三棵。"[4]对
比民国时期的两次庙产登记，发现双松寺
的门牌号码不同，始建年代差别较大，寺
内文物数量也有所出入，1936年的记录更
为详细，姑且作为民国时期双松寺的情况
说明。遗憾的是双松寺现今已然拆除，寺
内佛像也不知所终。

（三）智化殿和万佛阁天花藻井的拆卖

智化殿和万佛阁在营建之初，在明间

佛座的上方均设计了小木作的精品——蟠龙藻井，它们是智化寺建筑精彩辉煌的亮点之一。这两座藻井选用上等的楠木雕琢而成，结构复杂，制作工艺精巧，是明代建筑木雕的精品。中国著名建筑学家刘敦桢曾评价说："万佛阁之藻井，云龙蟠绕，结构恢奇，颇类大内规制，非梵刹所应有。"⑤（图四）两座藻井均系斗八式，平面呈方形，四角以枝条区划分成八角形，再置方格二重，互相套合成内八角。智化殿藻井南北长4.4米，东西宽4.3米，如来殿藻井体量比智化殿略大，藻井下方的梁枋上装饰有天宫楼阁。两具藻井的装饰纹样精美，方井均为卷云纹，角蝉为飞天、莲花、佛教八宝等图样，八角井环雕八组游龙，井心明镜为装饰有一条矫健雄壮的团龙，蟠绕垂首，俯视向下，整具藻井美轮美奂。遗憾的是，1930年的夏秋之季，这两座藻井均流失海外，如今智化殿藻井收藏在美国宾夕法尼亚州费城艺术博物馆，万佛阁藻井收藏在美国密苏里州堪萨斯城的纳尔逊—阿特金斯艺术博物馆。2018年，北京文博交流馆在"文博交流馆APP"中尝试使用摄影技术拼接复原了万佛阁藻井，向观众展示藻井之美（图五）。

连同藻井一起流失的还有智化殿和万佛阁的天花，其中智化殿的正方形天花全部流失美国，万佛阁仅在楼梯间留存有四块长方

图四 万佛阁藻井历史照片
（引自刘敦桢：《北平智化寺如来殿调查记》）

图五 万佛阁藻井复原图

形天花，东南角和东侧楼梯间留存了三块三角形天花，其余天花亦流失美国。

二、智化寺内可移动文物的散佚

据1928年北平特别市寺庙登记显示："智化寺 坐落内一区禄米仓二号，建于明正统十一年，属自建。本庙面积土基二十六亩，殿房、平房共计一百九十九间（由小牌坊胡同十六号至二十五号均作内）。管理及使用状况为本寺收支略维持现状生活。庙内法物有铜像六位，泥像、木像七十一位，宝鼎一座，铜钟两口，铁钟一口，大鼓三面。重要经典数部，庙佛事事务所用金刚经四部、华严忏四部。"⑥

再据1936年北平市政府第一次寺庙总登记的数据显示："总65智化寺（僧庙） 坐落朝阳门内禄米仓二号，建于明正统十一年，属私建。不动产土地二十六

亩（其中附属茔地二十四亩，在平东六里屯），房间二百二十二间（其中附属房八十二间半）。管理及使用情况为自行管理，焚修弘法。庙内法物有泥质佛像七十九尊，木质佛像六十七尊，铜佛像三十八尊，铁宝鼎一座，铁大钟一口，鼓楼大鼓一个，钟楼大钟一个，铁香炉大小五十二个，木质香炉四个，铁烛扦十个，铁花瓶六个，磁香炉一个，大殿铜钟一口，小铜磬两口，引磬两个，铛子四个，铪子四个，九音罗一对，铙四个，钹四个，大鼓两个，小鼓四个，金刚经四部，华严忏四部，石狮子一对，另有石碑八座，松树两棵，槐树九棵，榆树六棵，椿树两棵，枣树两棵，楮树一棵。"⑦

庙产登记表中仅能显示民国时期智化寺保存文物的数量，但是存放位置、形态描述均无详细记录。根据老照片显示，各殿堂供奉的大小佛像十分密集，实际文物数量应多于登记造册的数量，现今智化寺

留存的佛经、佛像数量也远多于民国时期的记载，由此想见民国时期文物统计数量并不完全属实。况且，民国时期距智化寺建寺已近五百年，这期间定会陆续有文物流散。

（一）佛像类文物的散佚

随着建筑本体的拆除，殿堂内的文物也开始陆续流失。通过《北平智化寺如来殿调查记》《北平研究院北平庙宇调查资料汇编（内一区卷）》中记载的寺院殿堂内的佛像配置，与现今文物留存情况的对比，许多文物均已经散佚（表一）。

在梳理智化寺佛像散佚的过程中，笔者发现了几个值得探究的问题。

第一，关于智化殿三世佛移往大觉寺的问题，有必要予以说明。如今智化殿供奉的三世佛，体量略小，与殿堂环境匹配度有所欠缺，其背光底部有墨书题记"康熙甲子春月造秋月金完奉供极乐殿"（图六），由此可知这三尊佛像原来供奉

表一　智化寺各殿堂陈设对比表

	《北平智化寺如来殿调查记》⑧	《北平研究院北平庙宇调查资料汇编（内一区卷）》⑨	今日保存状况
钟楼		东钟楼一，已堵塞。询之，上悬铜钟一，年月不悉，大约明时物。	钟楼内保存有明代铜钟一口。钟身铸有"皇图永固 帝道遐昌 佛日增辉 法轮常转 大明正统九年九月制"铭文。
鼓楼		西侧鼓楼，亦堵塞。仰视鼓已残破。	鼓楼内为复制的小鼓一面。
智化门	门内中央设佛座，前置弥勒，后置韦陀，与常制同。其左、右二厢以木栏区隔，约高五尺。前部置金刚二躯，分列东、西，后部塑四天王像。	内供弥勒佛一尊，木像。左右四大天王，哼哈二将，六像均泥塑。……后有泥塑韦陀。铁五供一分，"康熙五年造"。	佛像均已无存，现辟为展厅，展出"智化寺历史沿革展"，并设立观众咨询服务中心。
智化殿	殿内中央有白石须弥座，上奉佛像，前列木案，供万岁牌，恐系正统创立时旧物。再前为香炉，下有白石座，形状与如来殿香炉完全一致，当系同时制作者。殿左、右二侧各列罗汉十尊，北侧亦有佛座，惟像已失。	内供三大士三尊，木像金身。小佛二。左右罗汉十八尊，达摩二。后立南海观音一尊，童二。像均泥塑。	殿内保存有三世佛，后抱厦内有两尊罗汉像，但由于缺乏历史照片和记录，不知是否为明代殿内保存的罗汉之一，其他佛像均已无存，现辟为展厅，展出"智化寺京音乐"展览，并作为京音乐日常展演场所。
大智殿	殿内明间有白石须弥座，雕刻繁密，伧俗之气扑人，似非出自高手。坛上中央供观音，左文殊，右普贤，屡经后代缮补，颇失原状。其北壁中央有地藏像。南壁列三像，不审何名。	内正供观音、左文殊、右普贤三大士三尊，分骑狮、象、吼。南有三官三尊，又小佛三。北有地藏菩萨一尊。以上各像均泥塑。	佛像均已无存，现辟为临时展厅。

	《北平智化寺如来殿调查记》⑧	《北平研究院北平庙宇调查资料汇编（内一区卷）》⑨	今日保存状况
藏殿	殿内明间设转轮藏一具……轮藏之顶部，镂莲瓣数层，上置佛像一躯，面貌丰丽，衣纹洗练流动，虽构图稍具匠气，较下部诸刻则胜一筹矣。	内有千佛藏一座，塔形，高可丈许，木质，八面，刻工细，人物花鸟如生。白玉石座，刻尤工。……南供达摩三尊。（图九）	转轮藏及其顶部的毗卢遮那佛保存完整，其他佛像已无存。
如来殿	中奉如来像……如来像后有隔扇一列……隔扇内遍置小佛像，与东、西山墙内侧及隔扇上部之佛龛同。	内供如来佛一尊，泥塑金身，庄严，连座高约丈五。左右立二，高丈许，泥塑，工细。小泥、木佛各一。小木牌楼五，工细。……又泥塑藏佛四尊。三壁均系木质小龛，每小龛内均有小泥佛，金身，计约万尊。（图一〇）	如来殿供奉的释迦如来、大梵天、帝释天和万佛阁供奉的毗卢遮那佛、卢舍那佛和释迦牟尼佛均保存完整，佛龛内小佛像多数散佚。
万佛阁	每间中央供佛一尊，以明间一躯为最巨，其佛雕琢精美，外绕以栏，亦与他异。壁面除南侧外，皆设小佛龛，惟细查龛内之佛，工拙不一，以大柁底部卸下者最佳，余似陆续添补，非制自同时也。	楼上供三大士三尊，木像金身，左像刻工极细。小泥、木佛多尊，三壁小龛及小佛同楼下如来殿。	
大悲堂		内供千手佛一尊，木像金身，连座高六尺。……小泥、木佛十余尊。又东西供小泥、木佛十四尊。	佛像均已无存，现辟为多功能厅。
万法堂			建筑本体已无存，殿内佛像已无存。
东跨院方丈院北殿	佛龛，家具	内供三大士三尊，左右各三佛，均在龛内，木像金身。……小泥、木佛七十余尊。	建筑本体已无存，殿内佛像已无存。
西跨院南侧关帝庙		供关帝小泥塑像一，小马一，泥塑。	建筑本体已无存，殿内佛像已无存。
西跨院后庙	内供大士，案前陈二小像，着明代官府，未审谁氏。		建筑本体已无存，殿内佛像已无存。
西跨院北侧三大士殿		内龛高约八尺，长约丈二，刻工细，内供三大士三尊，木像金身。童二，木像。又小泥、木佛七尊，木五供一分。	建筑本体已无存，殿内佛像已无存。
西跨院北侧关帝庙		内供关帝一尊，童二，木像金身，供龛内。龛甚佳，工细，上圆下方与天坛形同。后韦陀一，木像。磁炉一。	建筑本体已无存，殿内佛像已无存。
西跨院北殿		内供三大士小铜像三尊，左右各有小木佛像三尊。东侧铜小佛三，关帝一，周、关侍立，马童各二，均泥塑。南海大士一尊，木像。西侧铜小佛二。	建筑本体已无存，殿内佛像已无存。

于极乐殿（大悲堂）。从老照片中可以看出，20世纪30年代刘敦桢先生来智化寺调查时，智化殿内就已经是原供奉于大悲堂内康熙年款的三世佛了（图七），由此推测，殿内佛像很可能与藻井一同流失，而后因智化殿内没有佛像，因此将大悲堂康熙年款的三世佛移到智化殿内。20世纪50年代，智化寺由文化局工程队接管，寺内存放了大批佛教、道教造像，此时智化寺内被重新安置了体量较大的三世佛，并将

图六 佛像背光的墨书题记

图七 智化殿三世佛历史照片
（引自《北平研究院北平庙宇调查资料汇编（内一区
卷）》）

大悲堂康熙年款的三世佛移出殿外。20世纪70年代，当时存放于智化殿内的三世佛被移往西山大觉寺，现藏于大觉寺"无去来处"殿，而智化殿被改造成为展厅，设立了"中国古代佛教艺术展"，殿内未再设置佛像。直到2003年，在进行"智化寺佛像修复工程"时，我馆工作人员从如来殿的西侧过道发现了大悲堂康熙年款的三世佛，经过修复、除尘后，将其重新移回了智化殿内。

第二，按照一般寺院的配置，大雄宝殿三世佛后设置南海观音，而智化寺三世佛之后的泥塑南海观音像在佛家意义上则更深一层。在智化寺内，多次出现观音和毗卢遮那佛相对的佛像设置，如藏殿转轮藏顶部的毗卢遮那佛与大智殿观音的对应配置，藏殿藻井的毗卢遮那佛种子字与转轮藏转角柱的观音六字真言种子字、藏殿天花的观音种子字相对应，由此推测智化殿三世佛的背后或有观音绘画，或有观音雕塑，从而形成观音与万佛阁毗卢遮那佛

的对应配置，构成智化寺统一的佛像配置风格。现今智化殿三世佛背后为"地藏菩萨与冥府十王"壁画，原为东花市卧佛寺壁画，随着卧佛寺的拆除而移到智化殿保存，并非智化寺原状。

（二）佛经类文物的散佚

智化寺馆藏佛经十分丰富，元、明、清、民国时期有明确纪年的佛经均有保存。除三卷珍贵的元代延祐年官版经书外，以明代各朝佛经存量最为丰富，几乎遍及明代十六帝的年号，且以明代前中期的居多，这些佛经或保存在藏殿和如来殿的藏经柜中，或装藏于佛像之内。智化寺拥有丰富的佛经留存得益于明英宗的慷慨赏赐，根据史料记载并加之合理推断，智化寺很可能在正统、天顺两朝均得到过《大藏经》的颁赐，可谓荣极一时。

1. 正统朝赐经

《永乐北藏》始刻于永乐十九年（1421），完成于正统五年（1440），"大藏诸经六百三十六函，通六千三百六十一卷，咸毕刊印，式遂流布。"[⑩]正统九年十月，《永乐北藏》开始颁赐于天下寺庙，正统十年（1445）二月陆续到位，南京天界寺、灵谷寺、鸡鸣寺、报恩寺等大寺，北京大觉寺、法海寺等均得到赐经，这些得到赐经的寺院均竖立藏经碑以示纪念。

虽然《明实录》上没有明确记载，但从诸多细节中可以推想，智化寺在正统年间应得到了皇帝赐经。第一，正统朝大藏经的刊刻地点在番经厂和汉经厂，此二厂均隶属司礼监，正统朝王振为司礼监太监，他利用职权之便，掌握着《大藏经》的刊印工作，熟悉刊印的流程和进度。第二，智化寺藏殿内的转轮藏是专门为存放《大藏经》而设计的，该转轮藏共分八面，除去西侧因为空间有限，为72个抽屉外，其余各面均为81个抽屉，八面总计639个抽屉，正好可以放下一部大藏经（图八、图九）。每个抽屉的表面以千字文排序，佛经的标号与千字文相互对应，方便检索。通过测量藏经柜抽屉的

高度，再次佐证此经柜正是存放《大藏经》之用。以馆藏《永乐北藏》中的《中阿含经》为例，《中阿含经》的编号为"名""立"，取自"德建名立，形端表正"，是千字文中第211—212个字，对应为转轮藏正南侧第六排正中的抽屉。该《中阿含经》的尺寸为长38厘米、宽12.8厘米、厚1.5厘米。而测量转轮藏藏经柜抽屉内侧长39.5厘米、宽14厘米、高20厘米，按此尺寸，加上经书函套，每个抽屉正好可以放下1函10册。第三，《北平研究院北平庙宇调查资料汇编（内一区卷）》记载："（转轮藏）每面四十五格，每格抽屉一，前曾置大藏经典，今已无存。每格刻佛像一，用千字文编列其上，前有小木释迦佛一尊。"[11]明确提出转轮藏存放过《大藏经》。第四，根据"英宗颁赐藏经碑"碑文落款可知，天顺时，智化寺住持然胜为僧录司左讲经，并承旨提督汉经厂教经。正统时期，智化寺的住持就是然胜，他与王振关系甚密，且在僧录司任职，为智化寺得到赐经提供了

图八 藏殿转轮藏

图九 转轮藏抽屉

便利。

2. 天顺朝再度赐经

正统十四年（1449）"土木之变"发生后，王振被杀，英宗被俘，智化寺暂时衰败，寺中保存的《大藏经》有所遗失。八年之后，英宗复辟，在智化寺中塑像、树碑、建祠以追思王振。天顺六年（1462），经过智化寺住持然胜的奏请，"英宗复颁藏经一部于此寺，进如来殿内东侧次间，尚有英宗颁赐藏经碑一通，保存完好。又有经橱二，作曲尺形，分列殿东西二侧，足证天顺复辟后，此寺屡邀宸注，盛极一时"。[12]如来殿内东西两侧有曲尺形存放经书的藏经柜，根据经柜上的千字文排序，从"天"至"洞"，为数638，也可以保存下一部完整的《大藏经》。从老照片中可以看出，如来殿藏经柜上装有门板，用以保护佛经，如今门板已经无存。但是，关于刘敦桢先生在《北平智化寺如来殿调查记》中记录的如来殿藏经柜设立的时间是值得商榷的，如来殿中的经柜究竟是正统朝寺院初建时就已存在，还是在天顺朝赐经之时一并新建，史料记载并不明确。如果经柜是旧有，那么正统朝智化寺有可能得到了两部《大藏经》，寺院得皇帝赏赐一部《大藏经》已属难得，更遑论得到两部，这也正好可以解释正统年间智化寺得到赐经却不见于史料记载的原因。

（三）石刻类文物的散佚

智化寺碑刻十分丰富，碑文保存了大量的历史信息。从史料上看，智化寺曾有敕赐智化禅寺之记（明正统九年）、敕赐智化禅寺报恩之碑（明正统九年）、英宗谕祭王振碑（明天顺三年）、英宗颁赐藏经碑（明天顺六年）、临济正宗碑（明成化八年）、明宪宗谕祭然胜碑（明成化十一年）、如来殿前两方石碑、李贤碑、弘治十六年（1503）碑、清顺治十七年（1660）碑等。如今，前五方石碑保存完整，明宪宗谕祭然胜碑与临济正宗碑为同一石碑的碑阳和碑阴，如来殿（万佛阁）

前的两方石碑已被磨平，李贤碑、弘治十六年碑、清顺治十七年碑已无存。

1. 如来殿（万佛阁）前两方石碑

清乾隆七年，乾隆皇帝批准了山东道监察御史沈廷芳提出的"扑毁王振塑像、拉倒石碑，以示惩创"的奏请，随后，便捣毁了智化寺施忠祠中王振的塑像和李贤撰写的智化寺碑。按照要求，明英宗题写的石碑应被拉倒掩埋，但是从保存至今的情况看，当时的执行者并没有拉倒石碑，只是将碑上与王振有关的文字抹掉，因此智化寺多块石碑中涉及王振姓名、官职、身世的文字都出现了凿毁的痕迹，万佛阁前的两方石碑很可能也是在此时成了"无字碑"（图十）。《藤阴杂记》中记载："东城智化寺为王振建，梵宇巍峨。……两碑俱没字，万佛自回廊。"[13]《天咫偶闻》中记载："智化寺，在禄米仓胡同，为明王振舍宅所建。……万佛阁规模巨丽，碑述振事极详。"[14] 由此推测，如来殿（万佛阁）前的石碑因详细记录了王振生平而被磨平，如今仅东侧石碑的碑额隐约可见有"敕赐智化禅寺□□"等字。这两方石碑均为螭首龟趺式，石碑下部与龟趺相连接处制作成须弥座的形式。但经过仔细比对，两方石碑在细部处理上也有所差别，东侧石碑的龟趺前高后低，动态感极强；西侧石碑的龟趺前后高度一致，缺少动感，且石碑下部的须弥座样式与东侧碑明显不同，龟趺的样式也略有区别。总体来说，东侧石碑在制作工艺和水平上均

图十 如来殿（万佛阁）历史照片（引自《北平研究院北平庙宇调查资料汇编（内一区卷）》）

略胜一筹。

2. 李贤所撰智化寺碑

根据《沈廷芳奏请扑毁王振塑像折录文》的记载，"殿西檐下现有英宗谕祭之碑，褒其忠义；大殿前则建李贤所撰智化寺碑，称其丰功大节，几于杀身成仁，观览之下，不禁发指。"民国时期的《骨董琐记》记载："明英宗为王振立祠，在崇文门内智化寺。李贤撰碑，称其功德。"[15] 李贤是"土木之变"的亲历者和幸存者，在英宗复辟之后，李贤却为王振树碑立传，大加赞赏，这十分矛盾，由此说明李贤此举或许得到了皇帝的授意，或是说明"土木之变"的经过与王振之死另有隐情。

3. 弘治十六年碑

根据《北平研究所北平庙宇调查资料汇编（内一区卷）》记载："万佛楼后，北墙下，碑一，'敕赐智化寺□□□'，篆额磨灭，'大明弘治十六年岁在甲子四月'。字多脱落。阴无。"[16] 此碑除了在《北平研究院北平庙宇调查资料汇编（内一区卷）》中有所记载外，未见其他资料，碑文的具体内容也不得而知，从碑额来看，碑文内容应与智化寺有关。

4. 清顺治十七年碑

《北平研究院北平庙宇调查资料汇编（内一区卷）》中的智化寺碑文拓片显示，清顺治十七年碑的拓片大部分已经漫漶不清，可识别的文字中有智化寺、万善殿，落款为"大清顺治十七年"，可见顺治时期两所寺院存在着某种关联。智化寺第十一代住持牌位"皇清示寂钦命赐紫内万善殿正住持掌僧录司印兼智化堂上第十一代师祖笃修德公和尚觉灵"，佐证了智化寺与皇家寺院万善殿关系非凡，住持同为一人，见证了清初智化寺与皇家的关联仍然密切。

5. 如来殿藏经碑的碑座

前文中提及，在如来殿东次间有天顺时期明英宗赏赐《大藏经》的藏经碑，通过对比不难发现，老照片中藏经碑的碑座

为龟趺式，上有仰覆莲须弥座，束腰处为连珠纹；而现今保存的碑座图案为缠枝莲花，下衬山石，明显经过替换，原碑座已经无存。

（四）其他文物的散佚

智化寺内各主要殿堂的楹联和匾额，殿内钟、鼓和佛前供器亦多有散佚，如今保留下来文物数量不及民国时期的十分之一。

三、结语

在晚清民国时期的动荡年代里，除智化寺本体建筑被拆除破坏之外，其文物的流散数量可谓触目惊心，时至今日，除了极少数文物得知去向外，大部分文物已经失散无考。"往者不可谏"，建筑本体的拆除让我们十分痛心，文物的流失让我们无比遗憾；"未来犹可期"，我们相信智化寺古建筑和馆藏文物必将得以妥善保管和充分的利用，更好地向大家展示智化寺所蕴含的历史和文化。

①刘敦桢：《北平智化寺如来殿调查记》，《刘敦桢全集（第一卷）》，中国建筑工业出版社，2007年，第53页。

②中国文化遗产研究院：《北平研究院北平庙宇调查资料汇编（内一区卷）》，文物出版社，2015年，第21页。

③北京市档案馆：《北京寺庙历史资料》，中国档案出版社，1997年，第175页，档号J181-15-294。

④北京市档案馆：《北京寺庙历史资料》，中国

档案出版社，1997年，第441页，档号J2-3-103。

⑤刘敦桢：《北平智化寺如来殿调查记》，《刘敦桢全集（第一卷）》，中国建筑工业出版社，2007年，第62页。

⑥北京市档案馆：《北京寺庙历史资料》，中国档案出版社，1997年，第140页，档号J181-15-200。

⑦北京市档案馆：《北京寺庙历史资料》，中国档案出版社，1997年，第443页，档号J2-8-257。

⑧刘敦桢：《北平智化寺如来殿调查记》，《刘敦桢全集（第一卷）》，中国建筑工业出版社，2007年，第55—63页。

⑨中国文化遗产研究院：《北平研究院北平庙宇调查资料汇编（内一区卷）》，文物出版社，2015年，第66—69页。

⑩《明英宗实录》卷七三"正统五年十一月庚戌"条，"中央研究院"历史语言研究所校勘影印本，1962年，第1414页。

⑪中国文化遗产研究院：《北平研究院北平庙宇调查资料汇编（内一区卷）》，文物出版社，2015年，第66页。

⑫刘敦桢：《北平智化寺如来殿调查记》，《刘敦桢全集（第一卷）》，中国建筑工业出版社，2007年，第50页。

⑬［清］戴璐：《藤阴杂记》，上海古籍出版社，1985年，第56页。

⑭［清］震钧：《天咫偶闻》，北京古籍出版社，1982年，第59—60页。

⑮邓之诚：《骨董琐记全编》，北京出版社，1996年，第86页。

⑯中国文化遗产研究院：《北平研究院北平庙宇调查资料汇编（内一区卷）》，文物出版社，2015年，第68页。

（作者单位：北京文博交流馆）

北京地区所见涿州姜氏铸钟匠人家族研究

罗 飞

北京地区（特别是大钟寺古钟博物馆）汇集了中国明清时期艺术成就与使用等级最高的梵钟文物资源，具有一定的系统性，是反映明清两代政治制度、社会生活的重要文物，日渐受到学者的重视，而北京古代铸钟匠人来源、生产组织等相关问题的研究尚属空白领域，值得深入研究。北京地区现存梵钟文物中，根据款识可知，存在着一定数量的河北籍工匠来北京地区铸造的作品，此前未有学者关注与专门研究。对这类梵钟进行分类梳理，不仅可以看出明清时期北京地区梵钟的铸造组织、器形、装饰等方面的演化原因，更可一窥京冀两地金火匠人铸钟活动的交流与相互影响，其中尤以涿州东关姜氏匠人家族在京活动的资料最为丰富。

一、相关研究回顾

中国古代铸钟工匠属古代金火匠人范畴，从现存的钟铭中可知，铸钟匠人往往自称"金火匠""金火匠人""金火铸匠""铸匠""匠人"等，其中尤以"金火匠"这一称谓使用最为普遍，自署"钟匠"或"铸钟匠人"的情况并不常见。古代从事冶铸业生产的手工业者生活条件艰苦，处于社会底层，文献中对金火匠人的记载也极为有限。近年来，随着古代工匠研究日渐成为学术热点问题，而开始受到学术界的广泛关注。目前，古代金火匠人的研究散见于对古代金属文物的研究成果

中，但缺乏体系性与专题性，尚待进一步深入，下面笔者就以往铸钟匠人相关成果进行简要回顾。

（一）收集辑录阶段（19世纪中期—20世纪）

晚清民国以来，各地新纂地方志与金石类志书时，开始注意对当地寺观祠庙等处留存的炉、梵钟等大型金属器物上包括金火匠人在内的铭文进行辑录。1978年乔志强先生《山西制铁史》[①]、1989年黄启臣先生《十四—十七世纪中国与钢铁生产史》[②]两书中，已开始运用现代史学方法与观点辑录金属文物中的金火匠人家族传承内容，并探讨了当时家庭小作坊冶铁业的经营方式。

（二）透物见史阶段（2000—2010年）

2002年，王仲殊先生[③]以铸钟工匠名款为切入点，进行深入分析，从而得出此钟为来自日本京都的工匠在当地所铸的全新结论。2004年，朱培建先生[④]以钟铭为据，在对现存的明清佛山梵钟形制与铸造资金来源等问题进行探讨的同时，关注到了铭文中所涉及的"炉号"（铸坊字号），并作辑录，进而对佛山地区"炉号"出现的历史背景作出了分析。2011年，北京科技大学潜伟教授等学者运用传世的铁钟、铁炉等器物铭文与碑刻等一手资料，结合文献对明清时期中国钢铁行业生产组织和行会组织进行了深入探讨，研究表明：明清时期中国钢铁行业生产组织经历了从工匠家族组织发展到异姓

工匠合作组织的过程，进而又发展出"炉坊""铁厂"的演化历程⑤。2012年，苏尔梦先生则从东南亚现存中国梵钟的钟铭文出发，探讨了明清时期中国与东南亚的经济联系，并关注到了铭文中所见闽粤两地铸钟炉坊与南洋客户及其铸钟中介之间的互动关系，以及不同铸坊的梵钟在器形上各自的特点，并提出了对南洋梵钟铭文中铸坊与广东铸钟业大家族之间关系进行深入研究的展望⑥。

（三）透物见人阶段（2010年至今）

2014年上海大学美术学院硕士研究生于蒙群先生所撰《解州关帝庙明代铁质文物与山西金火匠人群体》一文，北京大学考古文博学院张剑葳先生所著的《中国古代金属建筑研究》一书中，2015年陕西师范大学惠东杰先生在其硕士论文《榆林地区明清时期"古钟"调研》，2020年笔者《明末清初北京王氏铸钟工匠家族研究》一文，除分别对其研究中所涉及的金火匠人或家族做出了深入的分析外，并关注金火匠人（家族）的工艺传承及其地域特点。

二、涿州姜氏金火匠人的发现与现存资料的梳理

大钟寺古钟博物馆收藏的明隆庆保明寺铜钟，其上镌刻铭文两万余字，所涉功德主达一千余人，此前已有学者从皇室铸钟的特点和属性角度对其进行了研究⑦，而位于钟体上部一隅，混杂在诸多捐资人中的金火匠人铭文款识，一度不为人所关注，却提供了深入研究此钟及相关问题的重要线索。

明隆庆保明寺铜钟的匠人铭文款识位于钟体上半部铭文排列的末尾偏下的位置。根据笔者观摩此钟匠人铭文款识，尽管其与周围捐资人铭文字体大小一致，连为一体，但仔细观察不难发现，此处匠人的铭文凸起明显浅于周围的捐资人铭文。由此看来，此处匠人铭文款识除中间一列"涿州东关匠人姜堂、陈儒"外，还包括

位于其左侧的"陈仪、陈杰"，与右侧的"陈万、王氏、陈先"，即参与铸造此钟的匠人有七人，款识实则独立于捐资人排列顺序之外，呈"申"字形排列（图一）。根据此处题名的排列可知，铸造此钟的金火匠人由姜、陈两姓金火匠人合作铸造，其中姜堂与陈儒二人名字位列正中，在匠师团队里当处于主导地位，其中姜堂地位则最为尊长，而整个铸钟团队中，则以陈氏匠人为主。

笔者以此处匠人款识为线索，检索《北京古钟》⑧、国家图书馆、首都图书馆、中国文化遗产研究院⑨藏北京古钟拓片资料，另以笔者在北京地区实地走访调研古钟资料为补充，通过对北京地区梵钟铭文中金火匠人署款的全面梳理，整理出晚明北京地区涿州姜氏铸钟工匠家族及其所铸梵钟资料。

笔者目力所及收集到的北京地区所见涿州姜氏匠人所铸古钟资料，共计5口，其中现存实物者4口（保明寺铜钟、凤翔寺铁钟、元武屯娘娘庙铁钟、玉皇庙铁

图一　保明寺铜钟匠人款识

钟），实物无存仅存拓片者1口（承恩寺铁钟），除隆庆六年（1572）保明寺钟为铜钟外，其他4口均为铁钟。

为方便进一步研究，以纪年为序，将各钟列表如下（表一）。根据表一中金火匠款识，可整理出一个脉络清晰传承3代共计5人的姜氏铸钟工匠家族世系图谱（图二）。通过姜氏世系图谱并结合纪年可知，姜氏铸钟工匠自第一代金火匠人姜堂至其孙辈止，上起明隆庆六年，下迄万历四十六年（1618），传承近五十年[⑩]，在今北京地区从事铸钟活动。

所有姜氏匠人落款之间虽无"子""男""侄"等明确表示辈分的称谓，但根据落款中人名的先后次序与字辈排行可判断其世系次第。钟铭中除万历

图二　姜氏铸钟工匠家族世系图谱

十八年（1590）元武屯娘娘庙铁钟自称为"涿州东关金火匠人"外，其他各钟均自署为"涿州东关匠人"，可知其为涿州东关人，流动到房山、怀柔以及京城内从事铸钟活动。

三、姜氏家族铸钟的形制特征及捐资人群体构成

从现存姜氏家族铸钟实物并结合拓片

表一　涿州姜氏工匠铸钟概况分类表

序号	年代	器物	测量数据	铸钟工匠	捐资人概况	原属寺观地点	现存地点	著录	照片
1	隆庆六年(1572)	保明寺钟	通高：147.5cm 口径：93cm 重量：402kg	涿州东关匠人姜堂、陈儒、陈仪、陈杰、陈万、王氏、陈先	大明慈圣皇太后李氏、一品夫人云氏 夫人郭氏 夫人李氏 殷氏；戴圣夫人金氏 夫人张氏 夫人马氏姜氏。太师兼太子太师成国公朱希忠、太师兼太子太师定国公徐、锦衣卫掌卫事后军都督府左都督朱希孝、锦衣卫管卫事都指挥使高鹏、锦衣卫信官李毓秀、锦衣卫提督象房事指挥高凤、锦衣卫信官李乾、锦衣卫后军都督府右都督黄浦、锦衣卫信官朱颖禋、锦衣卫右军都督府右都督黄时坤、锦衣卫南镇抚司指挥使黄安、锦衣卫掌礼仪房事指挥黄伦、锦衣卫南镇抚司指挥同知郭东洲、锦衣卫信官黄浩、锦衣卫指挥王鉴、司礼监掌印太监冯保、内府各衙门太监等官、司礼监掌印太监陈洪 刘勋、赵书、许臣、石良、司礼监掌印太监孟冲、张仲、凌禄、孟受、冯昶、司礼监太监张宏、张昇、张升、刁金、陈奉、司礼监太监王臻、张瓒、郭堂 张禄、刘忠、司礼监太监曹宪、李栋、赵钦、张太 王刚、司礼监太监解保、谢表、董朝、张信、张经御马监太监梁经、李禄、御马监太监崔玉、张时、内官监太监陶金、王锐、御马监太监李进、御马监太监刘相；乙字库署库事赵祥、阎朝 勅赐顺天保明寺僧人31人 道人刘安等 信众1000余人	顺天保明寺	大钟寺古钟博物馆	《北京古钟》下卷，第134—148页。	

序号	年代	器物	测量数据	铸钟工匠	捐资人概况	原属寺观地点	现存地点	著录	照片
2	万历元年(1573)	凤翔寺铁钟	通高：151.5cm 口径：103cm	涿州东关匠人、姜堂、姜九成、姜九相	凤翔寺住持僧人圆达同徒了祥、了聚、了贵、了进、徒孙、阴付、阴庆、阴寿、募缘人孙堂（募化人）、密云中卫正千户吴清义、官尹儒、仙台屯、霍家庄、花园庄、杨家庄、豆家庄、周家屯、沙家营、年登店 罗山店、新庄、王旗屯、房家庄、孙家庄、泉河屯等村信众及省祭官约300人	杨宋镇仙台村凤翔寺	杨宋镇仙台村凤翔寺	《北京古钟》上卷，第276—279页。	
3	万历十八年(1590)	娘娘庙铁钟	通高：145cm 口径：86cm	涿州东关金火匠人姜九成、姜鸣周、姜鸣同	苏庄村、阎村信众	房山元武屯娘娘庙	房山元武屯村委会	《图说房山文物》第150页。	
4	万历四十二年(1614)	玉皇庙铁钟	通高：133.5cm 口径：32cm	涿州东关匠人姜鸣周、姜鸣同	募化善人穆大用（募化人）、管收钱粮善人张□、记张善人□□、王惟臣、管事善人李登、桂万、北郑村、半壁店、官先营、梁家庄、蓝家营、羊房店、常浦村、瓦井村、黄石台村、上庄、四家庄、右季营、周家庄、高栗庄、涿州杜村、西里池、坟庄村、冯村、张房店、北政村等村信众，崇福寺僧人宽明、千佛寺僧人元江、住村道士郭常明、徒马守德等	房山区北郑村玉皇庙	长沟镇北正村村委会院内	《北京古钟》上卷，第239—242页	
5	万历四十六年(1618)	承恩寺铁钟（仅存拓片）	—	涿州东关匠人姜鸣周、姜鸣同	承恩寺僧众、寿州卫春班信众、钦差督理王恭厂太监姜天等、庚科李进等、户部云南司郎中高□、南京户部江西司郎中胡宗汉、顺天府西城各坊居住信众、山西河津卫信士、锦衣卫南旗信众	西城区前王恭厂	无存	《北平研究院北平庙宇调查汇编》（内二区卷）第101页	

资料来看，姜氏工匠所铸各钟之间在形制上存在着一定的共性：蒲牢整体呈"Ω"形，双龙首吻部较短，近似狮面，下颌、前爪与钟顶连为一体。钟顶呈半球状，圆肩，莲瓣与钟体上栏之间装饰有一道环绕钟体的乳钉纹。钟体呈圆筒状，直壁，钟裙部外撇弧度较小。钟体中部，平行分布着两道环绕钟体的乳钉纹，将钟体分为上、下两部分。两道乳钉纹之间分布有多道弦纹，上下两侧各分八栏，各分栏两侧边界与各钟耳中线相对各栏边界较窄，栏内铸有纵向的栏线。钟耳弧度较大，每个

钟耳正中分布有一个撞钟点，撞钟点外围铸有单线如意头外郭，并向两侧延伸与相邻钟耳如意头的延长线相连，在钟裙上沿之下形成闭合的边郭，钟裙上沿与边郭之间亦装饰有一道乳钉纹。以上是姜氏家族铸钟形制的基本特征，但个体之间受到铭文的排列与捐资多寡等因素的制约，存在着一定差异。

姜氏工匠铸钟在装饰上采用的乳钉纹与钟耳部的如意云头纹（表二），特点鲜明，其来源与地域特征值得进一步探讨。

姜氏铸钟的乳钉纹见于钟肩部、钟

表二　姜氏工匠铸钟上的乳钉纹与如意云头纹统计表

器物＼纹饰	乳钉纹	如意云头纹
凤翔寺铁钟		
娘娘庙铁钟		
玉皇庙铁钟		
承恩寺铁钟		

表三　北京地区周边所见梵钟乳钉纹

装饰风格＼地区	河北	山西	陕西	河南
乳钉纹	磁县肖庄村乾隆六年（1741）铁钟	殊像寺弘治九年（1496）铁钟	小雁塔万历二年（1574）铁钟	少林寺泰和四年（1204）铁钟

腰、钟裙，环绕钟体密集排列。从明代北京地区古钟实例来看，未见有早于隆庆六年保明寺铜钟的梵钟采用这一装饰纹样，可见乳钉纹并非明代北京地区梵钟传统装饰，和北京周边梵钟实例对比（表三）可以发现：梵钟的乳钉纹装饰主要见于元明清时期的河北西部、山西、陕西、河南等地，并可上溯至唐宋时期北方地区梵钟的装饰传统[①]。

姜氏铸钟钟耳部的如意云头纹，亦未见于明代北京地区梵钟装饰实例，进而

和北京周边梵钟实例对比（表四），可看出：姜氏工匠在钟耳部采用的如意云头纹，可能是由流行于北京周边梵钟钟裙上沿作"菱花口"状样式演变而来。英国学者杰西卡·罗森对这一普遍见于中国古代建筑与器物上的线条进行了深入考察，指出："建筑物和银器的修饰也在另一种重要的装饰种类的传播中起到重要作用，这就是尖尖的花瓣状边框。这样规则的轮廓线的来源可直接追溯到由中亚引入中国的传统的莲花样式。进而在中国的器物上，

表四 北京地区周边所见梵钟钟裙折线

地区 装饰风格	河北	山西	陕西	河南
菱花口状钟裙 上沿				
	宣化钟楼嘉靖十八年 （1539）铜钟	佛光寺殿宣德五年 （1430）铁钟	宝峰寺万历十三年 （1585）铁钟	洛阳关林万历二十五年 （1597）铁钟

带尖头的轮廓线被夸大而形成了括弧形的花瓣。宋元瓷器装饰中更深的纹饰带是由建筑物、家具和漆器上采用的开口演化而来。许多开口跟最先在佛教建筑中精心做成的尖尖的神龛有密切关系。除了木石建筑，这些轮廓线还被用在银器和漆器上。到十四世纪时，这样的纹饰带形状在中国使用已有很长的历史。"⑫

综上可见，姜氏铸钟杂糅了北京地区周边民间铸钟的诸多特色，并经过其家族工匠改进与取舍，形成了自身特色的铸钟装饰风格。

根据对姜氏工匠铸钟的捐资人的辑录与梳理（表一）可以看出，参与捐资人来自社会各个阶层，不仅上至皇太后与诸多勋戚，更涵盖了宫廷官宦、内府官员、内边武官、州府大员、县乡生员、士绅耆老、寺观僧道以及铸钟寺观周边村落的众多普通信众，进而对姜氏工匠铸钟的从业知名度起到了极大的宣传与提升。这也直接反映出晚明内府铸钟厂（作坊）的衰落，与宫廷中从事铸钟匠人的匮乏。

四、有关姜氏家族铸钟的传说

1998年怀柔县文化局编写的《怀柔文物集成》⑬中收录的《凤翔钟声响 十里太平声——凤翔寺铁钟的传说》一文，由时任怀柔县文化馆干部高继春根据在怀柔仙台村实地采访有关凤翔寺铁钟的口头传说撰写，并经时任怀柔县文物管理所所长的苗富田先生润色，最终成文。文中详细记述了凤翔寺铁钟的铸钟缘起、募化过

程、捐资经过，特别是铸钟过程记录得尤为生动：

明朝隆庆年间，该寺住持僧人圆达时时在想：此寺建于唐代，已有八九百年历史，有口小钟，在战乱中被砸，造了兵器，现在这么大的一座寺院，没有佛家必备法器的钟，成何体统，他一心想铸造一口钟，以补缺陷。他把此想法和徒弟了祥、了聚、了贡、了进及徒孙阴付等七人说明，师徒们一致同意他的想法，随后请来了愿做善事，群众威望高的孙堂商议，孙堂在家信佛，人称"孙居士"也赞同此举，但当时群众生活并不富裕，他们认为"众人拾柴火焰高"，遂决定，一起行动，募捐铸钟。

仙台当时住有军队，成为仙台屯，属密云中卫管辖。一天，密云中卫正千户吴清义来该寺朝拜，见该寺无钟想找住持提建议，住持热情地接待了他，吴清义提了建议，住持讲了铸钟的想法，吴清义十分赞成，并当即捐了资。此举大大坚定了老僧铸钟的决心。

随后，他们根据村庄方位，师徒搭配，适当照顾年老体弱的原则，分四路深入各村各户，进行募捐。年丰店在京人员较多，就派专人到京动员，豆家庄、沙家营是四徒弟了进和三徒孙阴寿的家乡，他们借访亲之机也进行了募捐活动。更多的是善男信女主动登门捐助，总共16个村，329人捐助了财款，其中有省祭官，生员、儒学生员，更多的是邻近14个村的善男信女。

资金齐备后，他们又选择铸钟人，经

过多方举荐，最后选定涿州东关姜堂及子九成、九相三人，他们精心设计，认真刻模、熔炼浇铸，终于在万历元年（1573年）铸成此钟。

钟铸好后，由涿州运往寺院，他们选择最好的马车，年近六旬的姜堂老师傅亲自压车，经过四天三夜运到庙中，悬挂试敲后，果然声音洪亮，余音悠长，住持圆达十分高兴，备饭招待并请木林里正、14个村的村长和募缘人代表作陪，席间大家赞扬铸钟匠人手艺高强，匠人曰："实乃众人心力也，心诚则灵，老朽和犬子只尽了微薄之力，不足挂齿！"后人传颂："凤翔钟声响，十里太平声，匠人精心铸，僧民留芳名"[14]。

该则口头传说为姜氏工匠铸钟留下了生动具体的口述资料，但其中有两点值得推敲：

其一，凤翔寺铁钟的铸造地点问题。根据传说中所传，凤翔寺铁钟是姜氏工匠在涿州东关铸造，铸好后再运至怀柔凤翔寺悬挂，且由"年近六旬的姜堂老师傅亲自压车，经过四天三夜运到庙中"，还有对村民见到大钟铸就后种种喜悦与庆祝的生动记述。然而，从明代晚期募化集资铸钟的实际情况来看，由金火匠人流动至寺观所在地进行实地铸造更为节省实际成本，更符合明清时期铸造行业的从业实际。其二，在信息并不通畅的晚明，仙台村捐资善信如何聘请到远在涿州的铸钟匠人前来铸钟？尽管从这则传说中不能找到其真实且具体的原因，但至少从侧面反映出姜氏工匠在当时北京地区的知名度与影响力。这些都是目前这则口述史采访难以解答的问题，值得今后进一步推敲与探索。

五、结论

1. 涿州姜氏家族传承三代，绵延近五十年，先后有五位匠人在当时京师地区从事铸钟活动，是目前北京地区所见出现年代最早、参与人数最多、延续时间最长

的河北籍匠人来北京地区进行铸钟活动的铸钟家族，并且还与异姓（陈氏）铸钟匠人家族合作组成的匠师团队合作开展铸钟活动。为研究北京地区晚明金属冶铸业提供了珍贵的一手资料。然而，在晚明北京地区铸钟最后的高峰（天启—崇祯年间）来临前姜氏工匠家族却销声匿迹，淡出北京地区铸钟行业，究其原因可能是，其铸钟作品过于墨守成规，拘泥于其固有的样式与装饰，未能主动迎合京师地区信众的主流审美样式。

2. 涿州姜氏家族铸钟匠人活跃于晚明京师地区，并为大功德主是两宫皇太后、皇亲贵戚、高级宦官捐资的保明寺铸造铜钟，直接反映出晚明内府铸钟厂（作坊）的衰落与匠人的匮乏。

3. 姜氏工匠的活动范围主要集中在北京北部和西南部远郊区县，这些地区历史上曾隶属于周边州县，考察这一问题时不应局限于现在的行政区划，对这一问题的深入探讨，有助于揭示历史上京、冀两地文化互动与交流，从而丰富明末清初时期，北京西山永定河文化带与长城文化带历史信息与文化内涵。

4. 本研究的成果可进一步转化成相关展览展示，为本馆后续的相关展览项目提供前期研究支持。以姜氏工匠家族为代表的明代河北籍工匠的活动范围大致在今西山永定河文化带与长城文化带之内，对该个案的深入研究，有助于丰富北京地区两大文化带明代的历史信息与文化内涵。

本文为北京市文物局2022年科研课题"明代河北籍工匠来京铸钟活动研究"阶段性成果

①乔志强：《山西制铁史》，山西人民出版社，1978年。

②黄启臣：《十四—十七世纪中国钢铁生产史》，中州古籍出版社，1989年。

③王仲殊：《论琉球国"万国津梁之钟"的制作

地问题》，《考古》2002年第6期。

④载广东省文化厅主编：《广东文化艺术论丛》（2004下），中国友谊出版公司，2004年。另载朱培建编著：《佛山明清冶铸》，广东人民出版社，2016年。

⑤潜伟、刘培峰、刘人滋：《明清时期中国钢铁行业组织研究——以山西泽州与广东佛山地区为例》，《中国科技史杂志》2011年增刊。

⑥李庆新主编：《海洋史研究》（第三辑），社会科学文献出版社，2012年。

⑦于戏：《保明寺钟考》，《文物春秋》2009年第5期。

⑧大钟寺古钟博物馆编：《北京古钟》（上、下），北京燕山出版社，2006年。

⑨主要根据中国文化遗产研究院已出版的20世纪30年代初北平庙宇调查资料。

⑩需要说明的是：由于仅依据现存文物及拓片作为研究对象，历史上姜氏铸钟家族活动的传承时间与

铸钟实物，可能远超于本文研究的范围。

⑪现存的唐贞观三年（629）宝室寺铜钟、唐大云寺铜钟（武后时期，684—704年）、唐景云观铜钟（711）、大钟寺古钟博物馆藏北宋熙宁十年（1077）铜钟等唐宋时期大型梵钟上均可见到乳钉纹装饰。金元以后，钟体表面乳钉纹则集中出现在钟肩与钟裙部。

⑫[英]罗森著，孙心菲等译：《荷与龙——中国古代纹饰的来源》，载《中国古代的艺术与文化》，北京大学出版社，2002年，第333—334页。另见，[英]罗森《莲与龙——中国纹饰》第四章《花卉与边框》，上海书画出版社，2019年，第132—140页。

⑬怀柔县文化局编：《怀柔文物集成》，内部印刷品，未正式出版。

⑭怀柔县文化局编：《怀柔文物集成》，第353—355页。

（作者单位：大钟寺古钟博物馆）

（上接第86页）

㉓[美]大卫·安东尼著，张礼艳、胡保华等译：《马、车轮和语言》，中国社会科学出版社，2016年，第402页。

㉔山西省考古研究所、运城市文物工作站、绛县文化局：《山西绛县横水西周墓发掘简报》，《文物》2006年第8期。

㉕Gening V F, Zdanovich G B, Gening V V: *Sintashta: Arkhelolgicheskie Pamyatniki Arijskikh Plemen Uralo-Kazakhstanskikh Stepej*, Southern Ural Press, 1992, pp193.

㉖Wang Y, Rehren T, Tan Y, et al: *New evidence for the transcontinental spread of early faience*, Journal of Archaeological Science, 2020, vol 116.

㉗新疆文物考古研究所：《新疆萨恩萨伊墓地》，图版二〇、三七、三九、六〇、六八、七〇、七二，文物出版社，2013年。

㉘Lin Y, Rehren T, Wang H, et al: *The beginning of faience in China: A review and new evidence,* Journal of Archaeological Science, 2019, vol 105.

㉙Liu N, Yang Y, Wang Y, et al: *Nondestructive characterization of ancient faience beads unearthed from Ya' er cemetery in Xinjiang, Early Iron Age China,* Ceramics International, 2017, vol 43.

㉚Yang Y: *Archaeometry should be based on Archaeology. A comment on Lin,* Journal of Archaeological Science, 2020, vol 119.

㉛Cao S, Wen R, Yu C, et al: *New evidence of long-distance interaction across the Himalayas: Faience beads from Western Tibet,* Journal of Cultural Heritage, 2021, vol 47.

（作者单位：首都博物馆）

略论北京地区旧、新石器时代的过渡

孙浩然

旧石器时代如何向新石器时代过渡是史前考古学中的重要课题。华北地区在旧石器时代晚期文化多样，显示出地理分布的区域差异，随后的新石器化进程在时空分布上也是不均衡的，并对新石器时代文化格局产生了深远影响，显示出复杂的局面。因此，探讨华北地区的农业起源、文明起源、文化谱系等重大问题，必须重视对旧石器时代向新石器时代过渡的研究。近年来，华北地区开展了大量考古工作，发现了一批旧、新石器时代过渡时期遗存。如山西吉县柿子滩[①]、河南许昌灵井[②]、新密李家沟[③]、淅川坑南[④]，山东沂源扁扁洞[⑤]、河北阳原籍箕滩[⑥]、徐水南庄头[⑦]，北京门头沟东胡林[⑧]、怀柔转年[⑨]、平谷平安洞[⑩]等遗址，为进一步讨论旧、新石器时代的过渡模式和一些细节问题提供了基础。

北京地区新石器时代发展谱系相对完整，并且发现了丰富的旧石器时代晚期和新石器时代早期的遗址，这些遗址点分布广泛，内涵丰富，提供了可靠的研究材料。本文拟在梳理已有考古材料的基础上，探讨北京地区旧、新石器时代之间的内在联系和过渡环节，以期推动北京地区旧、新石器时代过渡模式、早期文化来源等相关问题的研究和解决。

一、北京地区旧石器时代晚期遗存

北京地区旧石器晚期遗存较多，有房山周口店山顶洞、田园洞，密云东智、延庆佛峪口，怀柔杨树下和东帽湾，平谷罗汉石、马家屯、上堡子、刘家沟、海子、洙水、小岭、豹峪、甘营、夏各庄和安固遗址，门头沟西胡林和齐家庄，东城王府井东方广场，西城中银大厦等遗址。其中山顶洞和王府井东方广场遗址具有一定代表性。

（一）山顶洞遗址

山顶洞遗址位于房山区周口店第1地点，发现于1930年，1933—1934年裴文中、贾兰坡等先生进行发掘，根据形状和堆积，分为洞口、上室、下室和下窨四个部分。其中接近洞口的上室较为宽阔，有烧过的灰烬，可能是生活居住区。下室较小，集中摆放着人骨，人骨周围撒有赤铁矿粉，并摆放随葬品，应为特意进行的埋葬行为，是中国发现最早的墓地[⑪]。发现3个完整的头骨和躯干骨化石，可能分属10个个体，其种属应是蒙古人种。发现石制品25件，原料主要是石英、燧石等，使用锤击法和砸击法打片，器形有刮削器、雕刻器等[⑫]。骨制品有骨针、有刻痕的鹿角、有磨痕的斑鹿下颌骨和有加工痕迹的骨片。山顶洞遗址还出土了大量装饰品，有石珠、钻孔砾石、穿孔鱼骨、穿孔兽牙、骨管、穿孔海蚶壳等，以及染红的鱼骨和牙齿。山顶洞遗址的年代为距今约2.7万年[⑬]。

（二）东方广场遗址

东方广场遗址位于东城区王府井东

方广场，面积约2000平方米，发掘面积892平方米。出土文化遗物来自上下两个文化层，有标本2000余件[⑭]，主要为石制品、骨制品和伴出的哺乳动物化石。清理的遗迹主要为用火遗迹，内含烧骨、烧石、木炭和灰烬等。石制品采用的原料主要是燧石，另有少量砂岩和石英岩，器形主要是刮削器，其次是雕刻器。剥片技术主要为直接锤击法，加工方式以背面加工为主[⑮]。东方广场出土的骨制品也较多，原料多为动物的肢骨。打制骨片和加工骨器主要采用锤击法和砸击法，偶用压制法。骨制品类型包括骨核、骨块、骨片、骨屑和骨器，骨片数量最多。骨器可分为尖头器、铲、刮削器和雕刻器等。有一些石制品和骨制品上残留赤铁矿粉。据热释光断代法测定，上层距今1.5万—1.9万年，下层为距今2.2万—2.6万年[⑯]。

以上两处遗址中有较多共同点。石制品的原料、类型与技术特点表明，山顶洞、东方广场遗址石制品组合属于周口店第1、第15地点等以石片为主要特征的小石器系统，利用不规则的小石片制作石器，使用锤击法和砸击法打片，加工方式以背面、破裂面和错向为主，器形主要为刮削器、雕刻器等。这种器物组合反映了当时狩猎占有重要地位，这些小型石器主要用于剥取动物的皮毛、切刮肉类等。两个遗址都发现了丰富的骨制品，说明当时的制骨技术已经相对成熟。一些骨器、饰品经过打磨和钻孔，磨制技术、钻孔技术已经出现了。另外，两个遗址皆有人工刻划的骨制品、使用赤铁矿粉对骨器进行染色，说明这两个遗址的先民可能有相似的原始信仰活动。基于此，笔者认为东方广场遗址在文化上与山顶洞遗址有密切关系，属于同一文化系统。

另外，在平谷区马家屯和小岭旧石器时代遗址发现有半锥状细石核[⑰]，说明在旧石器晚期北京地区存在与小石器遗存不同的细石叶工艺遗存。

二、北京地区新石器时代早期遗存

北京地区新石器时代文化发展脉络基本清晰，已初步建立起新石器时代的发展框架，即早期的东胡林遗址、转年遗址、平安洞遗址，中期的上宅遗址一期遗存，晚期的上宅文化和镇江营一期文化，铜石并用时期的雪山一期和雪山二期文化。其中东胡林遗址、转年遗址的时代较早，而且皆经过系统的发掘工作，内涵丰富，地层清楚，对于研究北京地区旧、新石器时代过渡具有重要意义。

（一）东胡林遗址

东胡林遗址位于门头沟区斋堂镇东胡林村西、永定河支流清水河北岸的三级阶地上。1966年发现该遗址，随后中科院古脊椎与古人类研究所进行了清理[⑱]。2001—2005年，北京大学考古文博学院等单位对该遗址进行多次发掘，发现有随葬品的墓葬、灰坑、石器加工地点、火塘、带有疑似柱洞的活动面等人类活动遗迹[⑲]。出土了包括石制品、骨制品、蚌器、陶器、动植物遗存等一批重要遗物。

出土石制品较多，种类有普通打制石器、磨制石器、细石叶工艺制品等，以打制石器居多，其次是细石叶、细石核类。磨制石器数量较少，所用石料多取自河滩砾石，器型主要为小型的斧、锛类器物，一般仅是局部磨光，个别小型器物通体磨光。普通打制石器包括砍砸器、刮削器、锤等，大多加工简单。细石叶工艺制品主要有石核、石片、石叶等，多用燧石制成，加工精细。另有琢磨而成的石磨盘、石磨棒，以及石臼和用于研磨赤铁矿的石研磨器、使用过的赤铁矿石。出土陶片皆为残片，共计60余件，均为夹砂陶，烧制火候不高，较松软。素面陶较多，少量饰有附加堆纹、压印纹。制作方法为泥条盘筑法和泥片贴塑法。器形主要为平底直腹盆、罐等。骨器主要是锥、笄、鱼镖、骨柄石刃刀等，皆用动物肢骨制成，制作精细。蚌器主要是用蚌壳或螺壳制作的装饰品，边缘、表面被磨平，一般在一端或两端穿孔，可供系挂。遗址中动物骨骼较多，多为鹿类动物和软体动物。

通过对遗址出土遗物进行多种方法的年代测定，东胡林遗址的年代在距今9000—11000年[20]。

（二）转年遗址

转年遗址位于怀柔区宝山寺乡转年村西、潮白河西支白河中游西岸的二级阶地上，周围为山谷盆地。由北京市文物研究所等单位进行发掘，发掘面积500平方米，出土石制品、陶片、动物骨骼等大量遗物[21]。石制品达18000余件，有打制石器、细石叶工艺制品、磨制石器等。打制石器有石核、石片、刮削器、砍砸器等。细石叶工艺非常发达，制作精细，数量多，尤其是柱形、锥形细石核及细石叶等，代表了北京地区由旧石器时代末期向新石器时代过渡的细石叶模式[22]。磨制石器有斧、磨棒、磨盘、锛等，另外还有两件钵状石容器的残件。陶片约90片，种类简单，可复原器形主要为平底罐。陶质皆为夹砂陶，火候不高，质地松软，除个别陶片口沿施附加堆纹或乳钉纹，其他均为素面。转年遗址公布的测年数据有两个，一为距今9200年，一为距今约9800年[23]。

以上两个遗址是北京地区新石器化的重要阶段，出现了诸多划时代的文化因素。

一是出现了陶器，两个遗址都发现了距今万年前后的陶片，皆为夹砂陶，器形主要是直腹盆、平底罐，少数陶片上有附加堆纹、压印纹等纹饰。陶器是人类历史上第一种真正改变了物质材料理化性质的人工制品，是新石器时代的重要标志之一，它的发现标志着食物储存与炊煮方式的转变，意味着新的生活方式出现了。

二是磨制石器的出现。东胡林遗址、转年遗址发现有斧、磨棒、磨盘、锛等磨制石器，个别石器经过精细打磨，通体磨光。相比于打制技术，磨制技术可以延长工具的寿命，工作效率较高，并更加耐用，磨制石器的出现拓展了先民开发利用自然资源的深度与广度，使史前人类的工具发生了重要变化，具有划时代意义。另外还出现了管钻、切割石料等石器加工技术。

三是植物资源的强化利用与栽培作物的出现。东胡林遗址和转年遗址发现了较多的磨盘、磨棒，相关研究显示，旧、新石器过渡阶段出现的磨盘、磨棒是加工植物资源的工具。东胡林遗址的磨盘、磨棒上的残留物分析也符合这一结论，主要用来加工坚果和粟、黍等禾本科植物[24]。对细石叶的微痕分析显示，有少量细石叶用于采集禾本科植物[25]。长期利用植物资源，可能发展出了高水平的采集技术，并获得了某些植物的生长习性。陶器以及与之匹配的烹煮技术与石磨盘、磨棒及粟类籽粒、淀粉粒的共存现象，说明当时的先民已形成了烧、煮粟类谷粒的新型饮食方式。先民在集约化采集植物资源和新型饮食消费方式的基础上栽培作物，进入了农业起源阶段。东胡林遗址发现的栽培粟遗存[26]，应该就是长期强化利用野生狗尾草的结果。

四是定居聚落的出现。东胡林遗址出土石器的微痕分析显示，石斧等磨制工具可能是用来砍伐、加工木材的，可能与建筑房屋有关系，结合活动面上发现的柱洞，东胡林人应有建造房屋类建筑的能力。另外，东胡林和转年遗址发现的陶器、磨盘、磨棒、石容器等器物，皆需要耗费大量时间制作，而且不便于频繁地迁徙流动，是群体流动性降低的标志。有随葬品的墓葬、具有石圈结构的火塘、有疑似柱洞的活动面、石器加工厂和灰坑等丰富的遗迹种类，同样说明人类活动行为的频繁，应在此居住了相对较长的时间，已经出现了定居或半定居的聚落。

五是社会的初步复杂化。东胡林遗址M1随葬有石质饰品、石磨盘、磨棒，M2随葬磨制石斧、螺壳饰品，20世纪60年代和90年代发现的墓葬中也都随葬螺壳项链等器物。这些墓葬有仰身直肢、仰身屈肢等不同的葬式，可能存在原始信仰或崇拜，具有构建和巩固社会关系功能的葬仪已经出现。个人饰品、不同葬式、仪式活动等与象征性行为有关的物质因素出现，也暗示当时出现了个体身份的明确、自我意识的发展和社会身份的表达。火塘分布集中，是带有家族性质的原始消费单位组成的氏族群居的象征[27]。细石叶工具用于加工动物类资源，磨制石器具有木材加工、熟皮子和掘土等功能[28]，磨盘、磨棒是加工植物资源的工具，说明当时的一部分工具有明确的用途，生产分工可能已经出现，整个聚落已经有了较强的社会组织能力。

以上因素的出现清楚地表明，北京地区在万年前后已经进入了一个崭新的时代，新的生活方式已经出现。

三、相关讨论

（一）关于新石器时代早期遗存中的旧石器时代因素

北京地区新石器时代早期文化中有大量本区旧石器时代晚期因素。在石制品方面，东胡林遗址和转年遗址出土的打制石器中，以小石器系统为主，在技术上与山顶洞、东方广场一脉相承。磨制技术是磨制石器出现的基本条件，山顶洞、东方广场出土的石、骨、角、蚌器已经运用了磨制技术，东胡林遗址、转年遗址对这种技术的应用更为熟练，出现了通体磨光的石器。骨角蚌器方面，东胡林遗址出现的项链、手镯、穿孔骨角器，在山顶洞、东方广场遗址都已经出现。思维意识方面，东胡林墓葬中放置随葬品，出现屈肢葬等特殊葬式，说明已经形成了初步的葬仪和生死观念，可能受到山顶洞遗址下窨墓地的影响。东胡林遗址发现研磨赤铁矿的石臼和研磨器，而利用赤铁矿的现象也见于山顶洞和东方广场遗址。总的来看，北京地区新石器时代早期遗存带有大量旧石器时代晚期的烙印，旧、新石器时代在文化因素上是紧密相连的。

（二）关于旧石器时代晚期和新石器时代早期之间的缺环

虽然北京地区旧、新石器时代之间存在密切关系，但两者在年代和文化因素上存在一定的缺环。从年代上来看，北京地区有确切年代的旧石器晚期遗存是山顶洞和东方广场遗址。山顶洞遗址距今约2.7万年，东方广场下层距今2.2万—2.6万年、上层距今1.5万—1.9万年；新石器时代早期的东胡林遗址距今9000—11000年，转年遗址则是距今一万年左右。北京地区缺少距今1.1万—1.5万年的遗存，旧、新石器时代存在约4000年的缺环。

从文化因素上来看，新石器早期出现了磨制石器、栽培粟、陶器等旧石器晚期没有的文化因素，而且这些新的因素已相对成熟，不是最原始的形态。山顶洞和东方广场出现了简单的磨制技术，而东胡林、转年已经存在通体磨光的石器，明显缺少磨制技术的发展阶段。从陶器的器型、陶质、纹饰、制作工艺等方面观察，东胡林和转年出土的陶片已不是制陶技术发明最初阶段，是古代先民经过相当长时间制陶实践后的产物。有学者指出，东胡林T9⑤：20盆口沿上的压印纹形制规整、构图简洁，表明陶器制作工艺已经趋于成熟[29]。新出现的细石叶工艺也十分成熟，转年遗址的细石叶、细石核制作精良，显然是长期实践的产物。东胡林遗址发现了栽培粟遗存，但驯化发生之前的集约采集阶段以及野生植物被驯化的过程和动力并不清楚。这些新因素无法在已发现的旧石器晚期遗存中找到踪迹，但在新石器早期遗存中又不是最原始的形态，它们是从旧、新石器之间的缺环期发展而来的吗？其他地区的发现证实了这一推测。

距今11000—15000年属于旧石器晚期末段，重要的气候事件有气候暖湿、动植物资源丰富的博令和阿勒罗德期，以及气候寒冷的新仙女木事件。虽然气候波动较大，给人类的生存发展造成了巨大影响，但这一阶段人类的发展也令人瞩目。就北方地区而言，具有原始特征的磨刃石器、磨盘、磨棒已经出现，细石叶工艺产品普遍发现。在华北的灵井[30]、于家沟[31]，东北的桃山[32]、小南山[33]等遗址都发现了原始陶器。柿子滩第9地点等遗址出土磨盘、磨棒上的残留物分析显示，对植物资源的强化利用已经开始，进入了对野生谷物类的集约采集阶段[34]，是农业起源的前奏。

其他地区的材料说明北京地区万年前后出现的新因素不是突然出现的，它们在旧石器晚期末段中有更原始的形态。因此，北京地区旧、新石器时代间的缺环期是旧、新石器时代过渡的重要阶段，对该缺环的填补应当是今后工作的一个重点方向。

四、结语

通过梳理旧石器时代晚期和新石器时代早期的典型遗址，可以认为北京地区旧、新石器过渡是一个漫长的阶段，旧、新石器时代在一些文化因素上是紧密相连、前后相承的。距今一万年左右，北京地区出现了较多新石器因素，进入了新石器时代。但是北京地区的旧、新石器时代之间在年代和文化上存在缺环，导致旧、新石器时代的过渡过程尚未完全清晰明了。

为进一步推进北京地区旧、新石器时代过渡的研究，笔者认为今后应注重在以下几个方向开展工作：1. 寻找北京地区旧石器晚期末段的遗存，如能找到旧石器晚期末段和新石器早期的连续地层堆积，必将大大推进北京地区的旧、新石器时代过渡研究；2. 探索北京地区农业起源和陶器起源的更早阶段，寻找粟等栽培作物的早期驯化阶段及其野生祖本；3. 从旧石器时代到新石器时代之间，细石器的出现和发展是一个重要的环节[35]，因此需要寻找本地区细石叶工艺的来源和发展过程；4. 关

于旧石器晚期至新石器早期聚落—生计系统的历时性变化的研究；5. 分析与周边地区旧、新石器时代过渡阶段遗存的关系，明晰北京地区新石器早期遗存中新出现的文化因素是从本地发展而来的，还是受其他文化的影响而产生的。

①山西省临汾行署文化局：《山西吉县柿子滩中石器文化遗址》，《考古学报》1989年第3期；柿子滩考古队：《山西吉县柿子滩旧石器时代遗址S14地点》，《考古》2002年第4期；柿子滩考古队：《山西吉县柿子滩遗址第九地点发掘简报》，《考古》2010年第10期。

②[30]李占扬、李雅楠、加藤真二：《灵井许昌人遗址第5层细石核工艺》，《人类学学报》2014年第3期。

③北京大学考古文博学院、郑州市文物考古研究院：《河南新密市李家沟遗址发掘简报》，《考古》2011年第4期。

④中国科学院大学考古学与人类学系、河南省文物考古研究院：《河南淅川坑南旧石器时代遗址TG05发掘简报》，《中原文物》2020年第3期。

⑤孙波、崔圣宽：《试论山东地区新石器时代早期遗存》，《中原文物》2008年第3期。

⑥关莹、周振宇、王晓敏、葛俊逸、谢飞、高星：《河北阳原泥河湾盆地籍箕滩遗址发现的新材料》，《人类学学报》2021年第1期。

⑦河北省文物研究所、保定市文物管理所、徐水县文物管理所、山西大学历史文化学院：《1997年河北徐水南庄头遗址发掘报告》，《考古学报》2010年第3期。

⑧[19][20]北京大学考古文博学院、北京大学考古学研究中心、北京市文物研究所：《北京市门头沟区东胡林史前遗址》，《考古》2006年第7期。

⑨[23]郁金城、李超荣、杨学林、李建华：《北京转年新石器时代早期遗址的发现》，《北京文博》1998年第3期。

⑩北京市考古研究院：《新时代北京考古工作回顾与展望》，《中国文物报》2022年9月23日第5版。

⑪贾兰坡：《山顶洞人》，龙门联合书局，

1951年。

⑫裴文中：《周口店山顶洞之文化》，《裴文中科学论文集》，科学出版社，1990年。

⑬陈铁梅、R.E.M.Hedges、袁振新：《山顶洞遗址的第二批加速器质谱14C年龄数据与讨论》，《人类学学报》1992年第2期。

⑭李超荣、郁金城、冯兴无：《北京市王府井东方广场旧石器时代遗址发掘简报》，《考古》2000年第9期。

⑮冯兴无、李超荣、郁金城：《王府井东方广场遗址石制品研究》，《人类学学报》2006年第4期。

⑯郑公望、夏正楷、任秀生：《北京王府井东方广场古人类遗迹热释光断代》，《北京大学学报（自然科学版）》2000年第1期。

⑰郭京宁：《北京考古史·史前卷》，上海古籍出版社，2012年，第107—108页。

⑱周国兴、尤玉柱：《北京东胡林村的新石器时代墓葬》，《考古》1972年第6期。

㉑郁金城、李超荣、杨学林、李建华：《北京转年新石器时代早期遗址的发现》，《北京文博》1998年第3期；李超荣、郁金城、冯兴无：《北京地区旧石器考古新进展》，《人类学学报》1998年第2期。

㉒谢飞：《从环渤海地域旧石器文化的发展进程看新石器文化的诞生》，载宿白主编：《苏秉琦与当代中国考古学》，科学出版社，2001年，第39—58页。

㉔Liu Li et al., "A functional analysis of grinding stones from an early holocene site at Donghulin, North China". *Journal of Archaeological Science*, 2010, vol.37, p.2630-2639.

㉕崔天兴：《东胡林遗址石制品研究》，北京大学博士学位论文，2010年，第230页。

㉖赵志军、赵朝洪、郁金城、王涛、崔天兴、郭京宁：《北京东胡林遗址植物遗存浮选结果及分析》，《考古》2020年第7期。

㉗郭京宁：《燕山南麓地区新石器时代聚落形态变迁的初步考察》，载《温故思新——以北京为核心的考古学历史、实践与展望》，北京燕山出版社，2012年，第144—167页。

㉘王小庆：《石器使用痕迹的显微观察的研究》，文物出版社，2008年。

㉙霍东峰：《环渤海地区新石器时代考古学文化研究》，吉林大学博士学位论文，2010年，第86页。

㉛泥河湾联合考古队：《泥河湾盆地考古发掘获重大成果》，《中国文物报》1998年11月15日。

㉜岳健平、侯亚梅、杨石霞等：《黑龙江省桃山遗址2014年度发掘报告》，《人类学学报》2017年第2期。

㉝黑龙江省文物考古研究所、饶河县文物管理所：《黑龙江饶河县小南山遗址2015年Ⅲ区发掘简报》，《考古》2019年第8期；李有骞：《小南山遗址2019—2020年考古发掘新收获》，《中国文物报》2021年3月19日第5版。

㉞宋艳花、石金鸣、刘莉：《从柿子滩遗址S9地点石磨盘的功能看华北粟作农业的起源》，《中国农史》2013年第3期。

㉟安志敏：《海拉尔的中石器遗存——兼论细石器的起源和传统》，《考古学报》1978年第3期。

（作者单位：北京市考古研究院）

北京大兴站上村金代村落遗址浮选结果与分析

尹 达　戬 征　李伟伦

一、遗址背景

2020年10月，为配合安定循环经济园区建设，北京市文物研究所（今北京市考古研究院）在北京市大兴区安定镇站上村东南侧进行了考古发掘，共发掘金代房址14处、灰坑21座，确定是一处金代村落遗址（图一）。

本文以该遗址出土植物遗存及其AMS^{14}C测年结果为基础材料，结合近年来北京地区辽金遗址和北方地区相关遗址的植物考古发现，从农业结构变化及其他植物资源利用的角度讨论辽金时期北京地区的农业生产特色、杂粮作物传播与环境、社会和民族背景变化之间的关系。

二、浮选与结果

（一）采样与浮选

北京地区辽金植物考古研究，始于2014年北京大兴三合庄遗址辽金墓葬区的植物浮选工作。2020年始金中都遗址埋藏区开展了大规模的考古发掘，北京市考古研究院植物考古实验室在西城区和丰台区的多处遗址进行了系统的大植物遗存样品的采集和浮选。在金中都城墙遗址、万泉寺遗址、开远坊遗址和光源里遗址发现了丰富的农作物炭化籽粒以及其他植物的炭化遗骸。自此，北京地区辽金时期遗址的植物遗存浮选已成为规范

且常态化工作流程。

本次站上村金代村落遗址出土的植物遗存来自配合2020年遗址发掘所采集的土壤样品。采用针对性采样法采集土样14份，分别来自灰坑8份、房址5份和灶1份。土壤样品的浮选使用水波浮选仪进行，采用80目的标准分样筛进行筛取。浮选所获的大植物遗存结果由北京市考古研究院植物考古实验室进行整理、鉴定和分析。鉴定完成后，使用基恩士VH-600数码体视显微镜成像系统对各植物遗存进行拍照，使用蔡司研究级体视显微镜Stemi508进行测量。

（二）浮选结果

经鉴定，浮选获得炭化植物种子794粒。依据植物种属的属性和用途，划分为农作物11种、非农作物15种，以及若干碎

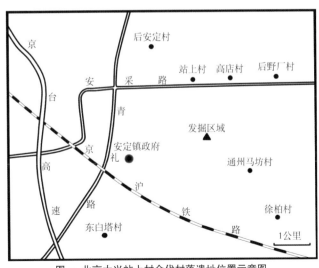

图一　北京大兴站上村金代村落遗址位置示意图

种子。农作物有粟（*Setaria italica*）、黍（*Panicum miliaceum*）、小麦（*Triticum aestivum*）、大麦（*Hordeum vulgare*）、燕麦（*Avena sativa*）、稗（*Echinochloa esculenta*）和高粱（*Sorghum bicolor*）七种禾本科作物，大豆（*Glycine max*）、红小豆（*Vigna angularis*）和豌豆（*Pisum sativum*）三种豆类作物，以及油料作物芝麻（*Sesamum indicum*），共计422粒（表一），占所有出土炭化植物种子的53.15%。

遗址出土粟299粒，占出土农作物总数的70.85%，出土概率为85.71%。炭化粟种子外形大体呈圆球状，背部稍平，胚部因烧烤爆裂成沟状（图二，1）。黍仅发现19粒，较粟的绝对数量相差甚远，占出土农作物种子总数的4.5%，出土概率为50%。成熟黍个体较大呈圆球状，胚部爆裂后呈窄V形（图二，2）。

麦类作物有小麦、大麦和燕麦。遗址共出土小麦7粒，占出土农作物总数的1.66%，出土概率为21.3%。完整小麦整体呈近椭圆柱形，背部隆起，中间有明显腹沟（图二，3）。发现的大麦遗存有炭化裸大麦10粒和大麦穗轴2个，占出土农作物遗存的2.84%，出土概率为14.29%（含穗轴）。炭化大麦大致呈梭形，腹部略平，腹沟稍浅，但两端破损胚部多不见（图二，4）。大麦穗轴2粒（图二，12），燕麦仅1粒，颖果瘦长有腹沟，一端残（图二，8）。

豆科作物有大豆、红小豆和豌豆三种。大豆为大豆属一年生草本，本次发现58粒，占出土农作物种子总数的13.74%，出土概率为50%。炭化大豆呈长圆形，背部圆鼓，腹部内凹，豆脐炭化后不甚明显（图二，5）。红小豆为豇豆属，遗址出土11粒，占出土农作物种子总数的2.61%，出土概率为14.29%。种子整体呈矩圆形，子叶明显，脐部于一侧呈长条状（图二，6）。豌豆为豌豆属一年生攀援草本，仅发现1粒。种子圆形，炭化爆裂后子叶有轻微爆裂痕迹（图二，11）。

遗址发现的稗是稗属栽培种之一。炭化栽培稗共计5粒，占出土农作物总数的1.18%，出土概率为7.14%。谷粒较粟略大，形态相似，腹部略鼓，一端收尖，胚部呈长"U"形，炭化后爆裂不明显（图二，7）。

高粱是我国重要的旱地作物之一。本次浮选发现7粒，占出土农作物总数的1.66%，出土概率为7.14%。有几粒仍带有

表一 站上村金代村落遗址出土炭化农作物遗存统计表

		出土概率（n=14）	绝对数量 百分比	绝对数量（粒）
禾本科 （Poaceae）	粟（*Setaria italica*）	85.71%	70.85%	299
	黍（*Panicum miliaceum*）	50%	4.5%	19
	小麦（*Triticum aestivum*）	21.3%	1.66%	7
	大麦（*Hordeum vulgare*）	14.29%	2.84%	10
	大麦穗轴			2
	燕麦（*Avena sativa*）	7.14%	0.24%	1
	稗（*Echinochloa esculenta*）	7.14%	1.18%	5
	高粱（*Sorghum bicolor*）	7.14%	1.66%	7
豆科 （Fabaceae）	大豆（*Glycine max*）	50%	13.74%	58
	红小豆（*Vigna angularis*）	14.29%	2.61%	11
	豌豆（*Pisum sativum*）	7.14%	0.24%	1
芝麻科 （Pedaliaceae）	芝麻（*Sesamum indicum*）	7.14%	0.48%	2
合计				422

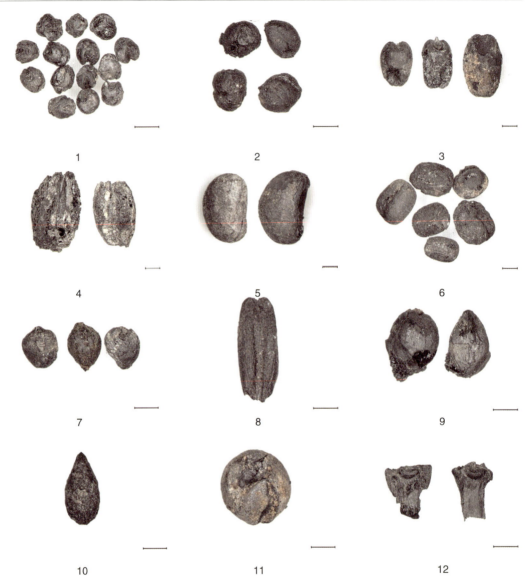

图二 站上村金代村落遗址出土农作物遗存（标尺为1mm）

1. 粟（*Setaria italica*）；2. 黍（*Panicum miliaceum*）；3. 小麦（*Triticum aestivum*）；4. 大麦（*Hordeum vulgare*）；5. 大豆（*Glycine max*）；6. 红小豆（*Vigna angularis*）；7. 稗（*Echinochloa esculenta*）（西汉）；8. 燕麦（*Avena sativa*）；9. 高粱（*Sorghum bicolor*）；10. 芝麻（*Sesamum indicum*）；11. 豌豆（*Pisum sativum*）；12. 大麦穗轴（*rachis*）

少部分外壳，腹部圆鼓饱满，胚部微凹于籽粒一端（图二，9）。

芝麻由外域传入我国，逐渐成为中国主要油料作物之一，具有很高的利用价值。芝麻在遗址只发现2粒，炭化严重不见外皮，已难辨别品种（图二，10）。

浮选获得的非农作物遗存可划分为八科，共计372粒（表二），占所有出土炭化植物种子的46.85%。绝对数量以禾本科的狗尾草（*Setaria viridis*）为最，豆科有野大豆（*Glycine soja*）和草木犀属（*Melilotus*），菊科的菴闾（*Artemisia keiskeana*）和苍耳（*Xanthium strumarium*），苋科的虫实（*Corispermum hyssopifolium*）和藜（*Chenopodium album*），蓼科的红蓼（*Polygonum orientale*）、辣蓼（*Polygonum*）和酸模叶蓼

（*Persicaria lapathifolia*），莎草科有红磷扁莎（*Viola arcuata*）、水莎草（*Euryale ferox*）和薹草属（*Carex*），以及旋花科的打碗花（*Calystegia hederacea*）及牻牛儿苗（*Erodium stephanianum*）。

浮选获得的狗尾草共计225粒（图三，1），占出土非农作物炭化遗存的60.48%，出土概率非常高，为71.42%。菊科的菴闾发现76粒（图三，10），集中出土于H19。此外，野大豆（图三，2）、草木犀属（图三，8）、虫实（图三，9）和藜（图三，3）也有少许发现，蓼科和莎草科的炭化种子数量仅1—2粒，不再过多介绍。根据《中国植物志》和《杂草种子图鉴》的表述，狗尾草、野大豆、藜、牻牛儿苗、打碗花等都是田间路旁常见的杂草，红磷扁莎、水莎草和薹草属、辣蓼（图三，6）偏爱潮湿有水的生境，说明遗址周边存在一定范围的水域或湿地。

（三）测年结果

如表三所示，选取站上村金代村落遗址H18出土农作物粟进行碳十四测年。经美国Beta实验室测年及INTCAL20曲线校正①，树轮校正后的数据为1205—1276cal.a B.P.（91.1%）及1178—1190cal.a B.P.（4.3%）。所测样品年代与该灰坑年代基本相符，相当于金代中期。

三、分析讨论

（一）种植结构的变化

一般认为，以燕山一线为我国北方农牧交错带的界线，以南是我国传统农业种植区，以北属于半农半牧或半农半猎区。现今北京地区在金代早中期一直属于经济核心区，农业种植以旱地作物精耕细作为主，犹以粟为最重要的农作物品种。近年

表二 站上村金代村落遗址出土炭化非农作物遗存统计表

科	种属	绝对数量	用途		
			饲用	药用	备注
禾本科（Poaceae）	狗尾草（Setaria viridis）	225	√	√	杂草
豆科（Fabaceae）	野大豆（Glycine soja）	14	√	√	杂草
	草木犀属（Melilotus）	13	√		蜜源，酿酒等
菊科（Asteraceae）	菴闾（Artemisia keiskeana）	76		√	全草入药
	苍耳（Xanthium strumarium）	4	√	√	种子可榨油，苍耳子可药用
苋科（Amaranthaceae）	虫实（Corispermum hyssopifolium）	9	√	√	
	藜（Chenopodium album）	5	√	√	杂草
蓼科（Polygonaceae）	红蓼（Polygonum orientale）	1		√	
	辣蓼（Polygonum）	1		√	全草入药
	酸模叶蓼（Persicaria lapathifolia）	1			杂草，对芝麻危害较重
莎草科（Cyperaceae）	红磷扁莎（Viola arcuata）	1			具有水土保持作用
	水莎草（Euryale ferox）	1		√	危害水稻
	薹草属（Carex）	1			水土保持，绿化
牻牛儿苗科（Geraniaceae）	牻牛儿苗（Erodium stephanianum）	1		√	种子榨油可供工业使用
旋花科（Convolvulaceae）	打碗花（Calystegia hederacea）	2	√	√	
碎种子		17			
合计		372			

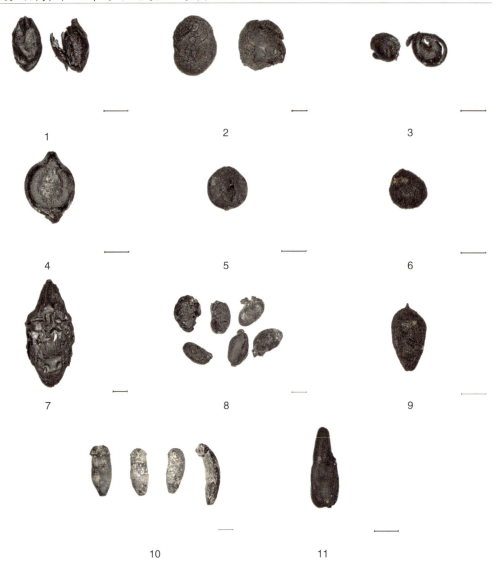

图三 站上村金代村落遗址出土非农作物遗存（标尺为1mm）

1.狗尾草（*Setaria viridis*）；2.野大豆（*Glycine soja*）；3.藜（*Chenopodium album*）；4.酸模叶蓼（*Persicaria lapathifolia*）；5.红蓼（*Polygonum orientale*）；6.辣蓼（*Polygonum*）；7.苍耳（*Xanthium strumarium*）；8.草木犀属（*Melilotus*）；9.虫实（*Corispermum hyssopifolium*）；10.菴闾（*Artemisia keiskeana*）；11.牻牛儿苗（*Erodium stephanianum*）

来，配合金中都遗址内多个里坊的考古发掘开展了大植物遗存浮选，初步结果表明粟在多数遗址的量化结果都比较高，指明了粟在金代北京地区农业种植中的优势作物地位。图四显示了北京大兴站上村金代村落遗址与旧宫遗址出土农作物的相关量化分析结果。2021年站上村遗址浮选出土的炭化农作物以粟为大宗，与其相同的是北京大兴旧宫遗址2019年的浮选结果，该

遗址金元时期粟的出土概率也是最高的，达65.5%，其次是小麦、黍和大豆。这两处遗址粟、黍、小麦和大豆的出土概率均为前四位，都超过了20%，可见是当时最重要的四种农作物。具体的差异在于两处遗址小麦和大豆的出土概率有不同的表现。站上村遗址大豆的出土概率过半，是仅次于粟的农作物，而旧宫遗址的小麦则明显强势于大豆，与粟形成了粟麦并重的

表三　站上村金代村落遗址碳十四测年结果

实验室号	单位	样品	碳十四年代 a BP	树轮校正后年代（a B.P.）INTCAL20（91.1% prob.）	树轮校正后年代（a B.P.）INTCAL20（4.3% prob.）
Beta-635093	H18	粟	810±30	1205—1276	1178—1190

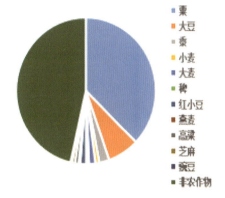

站上村金代村落遗址出土植物遗存绝对数量百分比

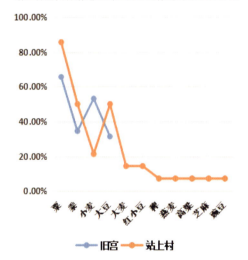

站上村金代村落遗址与旧宫遗址农作物出土概率
图四　站上村金代村落遗址与旧宫遗址量化统计

种植格局。在我国北方诸多地区，大豆作为主要的粮食或油料作物常与粟接茬轮作，"菽"这类作物也是多见于记载的女真人的主要食物之一。综合而言，在继承前代的基础上，金代北京地区主要的农作物种植仍以粟、麦为主，大豆、黍等作物为辅共同构成了具有本地区特色的旱作农业体系。

值得关注的是，本地以粟为代表的旱作农业体系中，还包含了一套别有特色的小杂粮组合。2015年北京大兴三合庄遗

址出土的金代中期植物类遗存包括粮食、水果、坚果、树叶、树干（根系）、杂草（苍耳、芦苇草），其中粮食作物主要有高粱、稗子、水稻、小麦、大麦、大豆、豌豆、绿豆、粟、黍、芝麻，水果主要为甜瓜、枣、桃子，坚果为核桃[2]。虽然未有明确的量化统计结果，但可见除粟类作物、麦类作物和大豆作物这类大田作物外，还发现以稗、高粱等具有辽金少数民族饮食传统和特色为主的主粮作物，并辅以水稻、小豆类以及芝麻，形成了一套较为完整丰富的农作物种植结构。

随着近几年金中都遗址植物考古工作的推进，多个里坊及中都周边遗址的浮选结果显示：在自汉唐以来逐渐形成的粟麦并重的农业种植格局下，金中都原有居民（汉族）接受了部分辽金少数民族独有的农业生产方式和饮食习惯。以栽培稗和高粱的大量出现为标志，形成了辽金时期北京地区独特的农业生产结构和模式，侧面表现出政权政策对本地区生业生计的显著影响，为胡汉在生活方式、饮食结构上的全面融合提供了依据。表四汇总了内蒙古的巴彦塔拉遗址、元上都西关厢遗址，吉林的罗通山遗址、永平遗址、孙长青遗址、李春江遗址以及北京两处金代遗址的出土农作物情况。上述遗址多数以粟作农业为基础发展多品种农作物种植，其中以罗通山遗址辽金时期房址的浮选结果较为特殊，以栽培稗、粟、黍三种谷物为主，兼收大豆、大麦、高粱、荞麦和大麻。有别于众多北方遗址，该遗址稗的出土概率和绝对数量均为最高，分别为91.3%和46.7%[3]。

站上村遗址与永平遗址[4]、李春江遗址[5]、巴彦塔拉遗址[6]虽发现少量稗，但重要性远低于前者。以站上村遗址为例，11种农作物的绝对数量和出土概率一方面

表四 相关遗址出土农作物遗存统计表

	辽代早期	辽金时期			金代中期		金元	元代早中期
	巴彦塔拉	岁通山	永平	孙长青	李春江	站上村	旧宫	元上都西关厢
粟	√	√	√	√		√	√	√
黍	√	√	√	√		√	√	√
小麦			√	√		√		√
大豆		√	√	√			√	
小豆				√		√		
大麦								√
荞麦	√	√	√	√				√
燕麦				√		√		
大麻								√
稗	√	√	√	√				
高粱		√				√		
豌豆						√		√
芝麻						√		

说明了粟作农业传统结构的基础，另一方面展现出以稗和高粱为特点具有少数民族特色的杂粮作物组合（图五）。稗一般指禾本科稗属的一年生草本，栽培稗特指稗属粮用栽培种。考古资料证明，早在4000年前的弥生时期日本就开始种植稗，此种主要分布在日本、朝鲜及中国，直到明治时期仍是日本重要的大宗食物。我国考古遗址中出土的栽培稗多认为源于日本北部，但年代晚至辽金。宋人的文献中有女真人在松花江流域的东北平原广泛种植栽培稗的记述，目前来看，北京地区栽培稗的发现应归因于辽金时期与东北亚地区的交流，很可能是契丹、女真政权南下带来的新农作物品种。稗富含淀粉、蛋白质、脂肪和维生素B等，用以煮粥或磨面，蒸食尤佳，稗面煎饼十分可口，也是多种食品糕点的原料，可做饴、酿造或榨油，茎叶还是优良饲草。

高粱在站上村遗址发现得也不多，7粒全部发现于H7，为高粱传入国内后的传播情况提供了重要的实物资料。高粱在平原、山丘、涝洼地都可种植，常与粟、大豆等接茬，不仅是高产稳产的粮饲兼用作物，还可用作酿酒，茎秆还能用于编织扫炊具

及工艺品。遗址还浮选出土极少量的燕麦、豌豆和芝麻，与稗和高粱一样出土概率也最低，说明这些小杂粮作物虽然品种丰富，但在农业生产中的占比很有限，在以粟、麦为主的旱作农业中属次要的一部分。

不同于旧宫遗址金元时期以粟、麦为主的种植结构，站上村遗址的农作物品种及结构与表四所列东北地区的几处遗址非常相像，尤其是粟与小杂粮的组合，呈现出品种丰富、组合多变的多品种种植结构。鉴于此，不难看出金代北京地区的生计方式应更加多样丰富，人们对种植作物的选择不仅依赖于具体的气候环境或种植技术，还深受当地社会政治环境变化的影响，反映出少数民族的集权政策对统治地区社会经济基础的有效控制和指引。

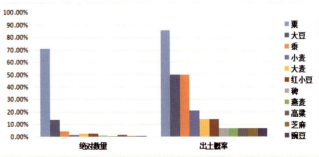

图五 站上村金代村落遗址出土炭化植物遗存量化统计

（二）药用植物资源的利用

中医药起源是医学史的一个重要科学问题。中国古代典籍很早就有"神农尝百草""药食同源""医药同源"等记载。但由于缺乏实物证据，迄今无法回答本草起源等科学问题。本草考古是以考古出土的药物或药物相关遗存为研究对象，应用现代科技方法和技术，探求人类利用药物的信息，探索古代先民与药物的相互关系，复原和重建人类利用药物的历史[7]。考古发掘的药物遗存，包括植物药、动物药和矿物药；也指单味药或复方；药材或药制剂，生药及炮制加工品。其中，植物药遗存主要指植物大遗存，如根、茎、叶、果实和种子等，这也是植物考古通过浮选法最易获得并关注的一类植物遗存。

随着考古技术的发展，越来越多有关药物考古、本草考古的遗存或遗迹被发现、研究，促使这一新兴的交叉学科逐渐被学界所关注。站上村金代村落遗址H19位于发掘区II区北部，开口于③层下，开口距地表0.8米。平面呈椭圆形，斜壁略内收，壁面规整，平底。口南北长2.7米，东西宽1.6米，深1.7米；底南北长2.4米，东西宽1.3米。内填青灰褐色土，土质较硬，含少量木炭颗粒、砖块、陶片、瓷片、兽骨等。以H19的具体发现来看，为一般的垃圾堆积坑，浮选获得农作物以粟和大豆最多，还有黍、大麦，杂草有狗尾草、野大豆和虫实，最有意思的发现在于76粒菴闾这种以往很少发现的药用植物（图六）。

菴闾，亦称菴闾子、菴闾、覆闾、菴芦、臭蒿、庵蒿等[8]。据《神农本草经》记载，菴闾"主五脏瘀血，腹中水气，胪胀留热，风寒湿痹，身体诸痛"。经统计，治"瘀血（恶血）"的药物共计51味，菴闾属上品植物类的八种之一，是主五脏瘀血的唯一药物[9]。另有大量"利血气""通血脉""逐血痹"，治疗"血闭""血瘕""血病"[10]等用效的记载，还明确提出菴闾子是祛除湿邪外还兼祛除

风邪、寒邪的药物[11]。《别录》中言明："菴闾疗心下坚，膈中寒热，周痹，妇人月水不通，消食，明目。"《本草纲目》记述："擂酒饮，治闪挫腰痛。"历代药典几乎都对菴闾的功效和用法做出过记录，以纳入全国高等中医药院校规划教材《中药学》为依据，目前菴闾子仍在临床广泛应用，果实可入药做菴闾饮或丸，性温味辛、苦，具有行瘀、祛湿之功效，治妇女血瘀经闭、产后停瘀腹痛、跌打损伤、风湿痹痛。

除菴闾的集中发现外，遗址还发现有辣蓼1粒、苍耳子4粒，两者亦可为药用。辣蓼是民间治疗跌打损伤及肠胃疾病的常用中药，其化学成分主要包括有机酸、黄酮和萜类等，具有抗菌、保护消化道、抗炎、抗病毒、抗氧化等诸多药理作用[12]。苍耳子性温，味苦、甘、辛，含有脂肪酸、水溶性苷类、木脂素类、酚酸及其衍生物类化合物、倍半萜内酯、黄酮、蒽醌、生物碱等化学成分，临床上主治鼻渊、风寒头痛、湿疹、疥癣等，是治疗鼻

图六　H19及菴闾（标尺为1mm）

渊的首选药[13]。

植物资源用途广泛，涉及人们衣食住行、生老病死。目前对古代遗址出土本草药用植物的发现和研究还在初始探索阶段。站上村遗址发现的具有药用价值的植物遗存应是村落居民日常使用的常用药，有可能作为妇科、外科等药常备左右。从遗址药用植物遗存出土情况及埋藏背景来看，金代一般居民对此类药用植物的利用已经比较熟悉。

四、结语

结合以往发现，北京大兴站上村金代村落遗址的浮选结果让我们认识到，金代北京地区居民的农业生产结构在较长一段时间内可能不断经历着小规模的调整与改革，其他植物资源的利用亦丰富多样。本地区的农业生产仍以传统粟作为主，大豆和小麦也占有一席之地。值得关注的是以稗和高粱为特色的小杂粮体系，深受北方少数民族政权政策以及农耕文化的影响，在燕山以南的核心控制区已经产生了明显不同于粟麦种植格局的生计行为，为了解北京地区辽金元时期的农业产业结构提供了重要的实例，也为进一步研究打开了思路和空间。药用植物蓖间等的发现，是本草考古和植物考古相结合研究的重要实物资料，除此之外还存在对非农作物植物资源的食用、饲用及其他加工利用的情况，以此丰富了我们对金代平民日常生产生活的认识。

站上村金代村落遗址的植物考古研究作为个例，仅是北京地区金代生业考古研究的沧海一粟。随着对大植物遗存资料的不断整理，还将持续补充发现、完善分析，最大限度复原北京地区历史时期社会、民族、农业、科技的发展历程及特点，从而探讨人群及政权间的冲突融合、技术交流以及对社会发展的交互影响，为北京古代社会不同阶段农业发展的认识增加新的内容，提供可靠的科学依据。

①碳十四半衰期为5568年，BP为距1950年的年代。

②尚珩、金和天：《北京大兴三合庄汉至元代遗址获重要收获——跨越千年的公共墓地》，《中国文物报》2016年1月15日第7版。

③杨春：《吉林东部山区辽金先民对植物的利用——以2009年罗通山城浮选结果为例》，《东方考古》第11集，科学出版社，2014年。

④杨春：《吉林省白城地区永平遗址植物遗存研究》，《边疆考古研究》2014年第1期。

⑤杨春、梁会丽、孙东文、赵志军：《吉林省德惠市李春江遗址浮选结果分析报告》，《北方文物》2010年第4期。

⑥孙永刚、赵志军：《内蒙赤峰巴彦塔拉辽代遗址浮选结果及分析》，《南方文物》2014年第3期。

⑦彭华胜、袁媛、黄璐琦：《本草考古：本草学与考古学的交叉新领域》，《科学通报》2018年第13期。

⑧中国科学院中国植物志编辑委员会：《中国植物志·第七十六卷·第二分册》，科学出版社，1991年。

⑨李鑫举、赵志恒、周颖、宋瑞雯、张萍：《〈神农本草经〉疗"五脏"用药功效探析》，《中医药杂志》2018年第3期。

⑩周嫦、王怿、苑素云、王佑华：《〈神农本草经〉治"瘀血"药物探析》，《中医文献杂志》2022年第2期。

⑪高艺宁、邓秀兰、王町囡、钟相根：《〈神农本草经〉治"湿"药物探析》，《中国现代中药》2021年第12期。

⑫蔡孟成、金永生：《中药辣蓼的生物活性实验研究进展》，《药学服务与研究》2020年第6期。

⑬盛天璐、张祖良、陈冠宜、付璐鹭、许俊申、尚锐峰、刘峰、刘华：《苍耳草与苍耳子的研究进展》，《广州中医药大学学报》2021年第12期。

（作者单位：北京市考古研究院）

从酷暑到寒冬，青年人才专项培养工作第一个培养周期已至尾声。7个月以来各位同仁并肩奋斗，推动局系统青年人才培养工作迈出了坚实的一步。基于学员提交的学习成果，经专家把关评审，在各方的支持指导下，第一批青年人才专项培养优秀成果终以专刊的形式呈现。

　　感谢局组织宣传处、科研处、团委的大力支持和指导，感谢北京文物保护基金会的支持和指导，感谢多所高校的师资支持，这些支持和帮助对培养工作的顺利开展发挥了至关重要的作用。在整个人才培养过程中各班导师和班主任尽职尽责，细致入微地为学员们的学习保驾护航，特此对崔学谙、黄雪寅、侯兆年、赵瑞廷、赵福生、靳枫毅、黄小钰、张涛、丁利娜等诸位老师表示深深的谢意！局综合事务中心《北京文博》编辑组不辞辛苦，辛勤付出，保证了专刊的顺利出版，在此谨致衷心感谢！

　　十年树木，百年树人。相信在多方合力下，首都文博系统定会人才辈出，首都文博事业也将蒸蒸日上。

《北京文博文丛》2022年总目录

考古研究

博物馆研究

文物保护